Le goût du bonheur

La presse en a parlé

« Si un certain goût pour la philosophie rend la lecture aisée, la démarche proposée est facile d'accès et ouvre à la réflexion. C'est logique et éminemment positif. »

Vie chrétienne

« Ami de la Sagesse et des plus pauvres [...], Jean Vanier s'adresse à tout homme soucieux d'être vraiment homme. Avec lui, la philosophie redevient une sagesse, un art de vivre qui donne le goût du bonheur. »

Famille chrétienne

« [Jean Vanier] décortique le plus simplement du monde la pensée éthique de ce sage grec pour en exposer les pièces maîtresses, accompagnées de textes majeurs. Au lecteur de jouer, ou plutôt de réfléchir ou méditer, pour saisir l'actualité de cette pensée. »

La Croix

« Petite Renaissance »

Des classiques de la littérature, des inédits et, surtout, la réédition des *best-sellers* des Presses de la Renaissance en format poche, accessibles au grand public.

Dans la même collection

Jean Guitton, *Mon testament philosophique*, janvier 2007.

Michel Fize, *Le livre noir de la jeunesse*, janvier 2007.

Khalil Gibran, *Orages*, février 2007.

Jean-Loup Dherse & Dom Hugues Minguet, *L'éthique ou le chaos*, février 2007.

Bernard de Boissière & France-Marie Chauvelot, *Maurice Zundel*, mars 2007.

Jean-Marc Pineau, *Voyage à Tombouctou*, avril 2007.

Xavier Le Pichon, *Aux racines de l'homme*, avril 2007.

Emmanuel Mounier, *L'éveil de l'Afrique noire*, mai 2007.

Yannik Bonnet, *Les neuf fondamentaux de l'éducation*, mai 2007.

Joachim Bouflet, *Faussaires de Dieu*, juin 2007.

Jean Vanier, *Accueillir notre humanité*, juin 2007.

Jean Vanier

Né en 1928 au Canada, docteur en philosophie (auteur d'une thèse sur Aristote), Jean Vanier enseigne d'abord à l'université de Toronto. En 1964, il fonde la communauté de l'Arche, qui accueille des personnes ayant un handicap mental. En 1971, Jean Vanier est, avec Marie-Hélène Mathieu, à l'origine de Foi et Lumière. En 1997, il reçoit le prix Paul-VI pour son action de développement et de progrès de l'être humain. Il est l'auteur de plusieurs ouvrages, parmi lesquels *Accueillir notre humanité.*

CHEZ LE MÊME ÉDITEUR

Accueillir notre humanité, Presses de la Renaissance, 1999 ; coll. « Petite Renaissance », juin 2007.

AUTRES

Entrer dans le mystère de jésus : une lecture de l'Évangile de Jean, Bayard, 2005.
Le corps brisé, Parole et Silence, 1998.
Aimer jusqu'au bout, Novalis-Bayard Centurion, 1996.
Jésus, le don de l'amour, Fleurus-Bellarmin, 1994.
Une porte d'espérance, L'Atelier, 1993.
Communauté, licu du pardon et de la fête, Fleurus, 1989.

Jean VANIER

Le goût du bonheur

Au fondement de la morale avec Aristote

PETITE RENAISSANCE

Ouvrage réalisé
sous la direction éditoriale d'Alain NOËL
et écrit avec la collaboration d'Élise CORSINI

Si vous souhaitez être tenu(e)
au courant de nos publications,
envoyez vos nom et adresse, en citant ce livre,
aux Éditions des Presses de la Renaissance
12, avenue d'Italie, 75013 Paris.
Et, pour le Canada,
à Interforum Canada inc.,
1055, bd René-Lévesque Est,
11e étage, bureau 100,
H2L 4S5 Montréal, Québec.

Consultez notre site Internet :
www.presses-renaissance.fr

ISBN 978-2-7509-0311-4

Note

Dans ce livre, pour ne pas alourdir le texte, nous avons pris le mot « homme » la plupart du temps dans son sens générique, incluant l'homme masculin et la femme. C'est vrai qu'aujourd'hui on tend à parler davantage de l'être humain ou de la personne humaine, ou à préciser chaque fois « l'homme et la femme » ! Au temps d'Aristote cependant, l'homme était considéré comme supérieur à la femme, c'est bien là une des lacunes de sa morale.

Pour les références aux œuvres d'Aristote, nous avons utilisé uniquement la numération par lignes (et non par chapitres), établie par Bekker.

Abréviations

EN	*Éthique à Nicomaque*
EE	*Éthique à Eudème,* le premier traité de morale d'Aristote, sensiblement identique, dans le fond, à l'*Éthique à Nicomaque.*
Pol.	*Politique*
Méta.	*Métaphysique*
Phys.	*Physique*
De Cael.	*De Caelo*
Rhét.	*Rhétorique*
Top.	*Topiques*
Poét.	*Poétique*
De Part. Anim.	*De Partibus Animalium* (Parties des animaux)
De Div. per Somnum	*De Divinatio per Somnum* (l'Art divinatoire par les songes)

Introduction

Le bonheur, quoi qu'on dise, est la grande affaire de notre vie. Une petite enquête le montrerait aisément. Interrogeons les gens alors qu'ils courent au travail, flânent sur les boulevards, ou prennent un verre au café, et demandons-leur : « Que cherchez-vous dans la vie ? » Peut-être les uns diraient-ils : « Réussir au travail, avoir une promotion » ; d'autres répondraient : « Me marier, fonder une famille » ou « Vivre en paix, sans conflits », « Obtenir une augmentation de salaire, prendre des vacances au soleil, m'amuser avec mes amis ». Poursuivons l'interrogation : « Pourquoi voulez-vous réussir, obtenir une augmentation de salaire, fonder une famille, passer de bonnes vacances... ? » Sans doute leur réponse serait-elle : « Parce que alors je serai heureux. »

Être heureux, connaître le bonheur, c'est le grand désir de chaque homme, de chaque femme. Peut-être différons-nous quant aux moyens d'atteindre ce bonheur, mais nous cherchons tous à être heureux. C'est là notre grande attente.

Entraînés par la vie et nos activités diverses, il est vrai que nous ne nous posons pas souvent la question : « Pourquoi est-ce que je fais cela, qu'est-ce que je cherche ? » C'est pourtant la question incontournable du sens de la vie. Dès que nous nous posons à nous-même cette question, nous commençons à philosopher.

Pour quoi l'être humain est-il fait ? Pour quel bonheur ? C'est la question que posaient les philosophes grecs, c'est la question du peuple juif, c'est la question centrale des *Béatitudes* du message de Jésus, c'est la question qui habite le cœur des hommes et des femmes de tout temps, de toute origine, de toute race et de toute religion. C'est la question éternelle de l'être humain.

Aristote est l'un des grands témoins de cette recherche du bonheur. Il a réfléchi non pas en idéologue, mais à partir des faits humains et de sa propre expérience. C'est ainsi qu'il a été amené à proposer une morale du bonheur, pour aider l'homme à voir clair en lui-même et à trouver son propre accomplissement. C'était il y a 2 400 ans, mais sa réflexion traverse les siècles et nous rejoint encore aujourd'hui.

Aristote croit à l'intelligence humaine. Il est convaincu que ce qui distingue l'être humain de l'animal c'est cette capacité de réfléchir, de connaître et d'interroger la réalité, de faire des choix, d'orienter sa vie dans telle ou telle direction. Il n'admet pas que nous ne soyons que des faisceaux de désirs ou d'impulsions déjà prédestinés. Il pense que chacun est plus ou moins maître de sa vie et de son destin.

Mais Aristote ne cherche pas à répéter des axiomes moraux ni seulement à inciter, d'une manière extérieure, les gens à être justes, à rechercher la vérité et à obéir aux lois. Il veut poser les fondements d'une science morale en réfléchissant à partir des désirs profonds de l'être humain. Sa question fondamentale est : « Que voulons-nous vraiment ? » et non : « Que devons-nous faire ? » Sa morale n'est pas une morale de la loi, mais une morale qui scrute les inclinations les plus profondes de l'homme pour les porter à leur épanouissement le plus ultime. La morale d'Aristote se fonde alors non sur une idée, mais sur ce désir de plénitude inscrit dans chaque être humain.

La morale d'Aristote demande un travail sur soi. On pourrait être déçu qu'elle ne donne pas tout de suite les repères que nous cherchons pour agir, ou les valeurs qu'on attendrait qu'une morale énonce. Mais Aristote nous invite à chercher et à discerner des repères à l'intérieur de nous-même. « Quel est ton désir le plus profond, caché peut-être derrière des désirs plus superficiels ? » À nous de creuser.

La pensée d'Aristote n'est pas sans lacunes, nous les examinerons en conclusion. On lui reproche souvent de s'accommoder fort bien de l'esclavage et de la place subalterne de la femme. Considérons à sa décharge que presque deux millénaires et demi nous séparent de lui. Depuis, il y a eu la naissance du christianisme, l'émergence des grandes villes, toutes les découvertes scientifiques, une évolution extraordinaire dans la façon de vivre des hommes et des femmes. Tout cela a conduit les êtres humains à découvrir des choses nouvelles sur eux-mêmes et sur la place de l'homme et de la femme. La femme n'est plus, comme au temps d'Aristote, à une époque où la mortalité infantile était grande, complètement liée à la tâche de donner naissance à des enfants, et de veiller sur sa maisonnée. Les femmes peuvent maintenant prendre davantage leur place dans la vie sociale, sans pour autant négliger leur rôle de mère.

S'il y a des lacunes dans la pensée d'Aristote, il y a également des valeurs importantes : son souci d'être à l'écoute de la réalité humaine dans son intégralité et de ne pas créer une morale idéologique. Sa morale intègre les dimensions du corps et de l'affectivité, et celle du plaisir. Elle fait une large place à l'amitié, car Aristote est persuadé qu'on ne peut pas être heureux tout seul. « Sans amis, personne ne choisirait de vivre » (EN 1155a3). Plus largement, le bonheur a une dimension sociale ou *citoyenne.* L'homme qui veut être pleinement humain ne peut rester étranger à la vie de la cité.

C'est ce sens profond de la réalité et de la réalité humaine qui m'a toujours intéressé chez Aristote, et cela bien avant la fondation de l'Arche. Lorsque j'avais treize ans, je suis entré à l'école navale de la marine anglaise. C'était un temps de guerre et je voulais servir dans les forces armées contre la menace grave de la puissance nazie. J'ai quitté la marine huit ans plus tard car je commençais à me poser une question : « Est-ce bien cela que je veux faire de ma vie ? » Je me suis laissé entraîner vers la marine pour la noble raison de servir le pays. J'ai quitté la marine à cause d'une interrogation plus profonde : « Qu'est-ce que je désire faire de ma vie ? Qu'est-ce pour moi être un homme accompli ? »

Mon départ de la marine m'a amené à chercher le sens de la vie dans ma foi chrétienne, dans le message de paix de Jésus et sa vision de l'être humain. J'ai aussi cherché des réponses chez des philosophes, et chez des hommes et des femmes sages, convaincus de la valeur de l'être humain. C'est ainsi que j'ai fait la connaissance des œuvres d'Aristote.

Je me suis donc plongé dans son œuvre et en particulier dans sa morale. J'ai soutenu à l'Institut catholique de Paris en 1962 un doctorat qui portait sur « Le bonheur, principe et fin de la morale aristotélicienne ». Cette recherche sur le fondement de la morale aristotélicienne m'a beaucoup éclairé et m'a aidé à saisir le lien entre la morale, la psychologie et la spiritualité. La psychologie nous aide à comprendre les comportements humains, à saisir les peurs et les blocages qui sont en nous, afin de nous aider à nous en libérer. La spiritualité est comme un souffle qui donne force à des motivations. La morale nous aide à clarifier ce qu'est vraiment un acte humain, ce qu'est la justice et quelles sont les activités les meilleures, celles qui nous rendent le plus humain et le plus heureux. Elle nous aide à mieux comprendre la vocation de notre liberté.

Après mon doctorat, j'ai commencé à enseigner la philosophie au Canada. Puis des circonstances m'ont amené à connaître des hommes et des femmes ayant un handicap mental. J'ai découvert alors combien nos sociétés sont divisées et brisées. D'un côté il y a les bien portants, intégrés dans la société ; de l'autre, les exclus, ceux qui sont en marge de la société. Comme au temps d'Aristote, il y a des maîtres et des esclaves. J'ai réalisé que la paix ne peut advenir tant qu'on ne cherche pas à combler l'abîme qui sépare les diverses cultures, les diverses religions, et jusqu'aux personnes différentes. C'est ainsi que j'ai fondé l'Arche, avec l'encouragement et le soutien du père Thomas Philippe, pour accueillir Raphaël Simi et Philippe Seux, deux hommes ayant un handicap mental et qui étaient enfermés dans une institution. Nous avons commencé à vivre ensemble. Eux aussi se posaient la même question sur le sens de leur vie et le bonheur : ils voulaient comme moi être heureux, et leur désir se manifestait par leur regard, leur corps, leurs cris et leurs larmes, leur violence et leur sourire. Leur soif d'amitié aussi.

J'ai été amené à me poser cette question : de quoi ont-ils besoin pour être heureux ? Que cherchent-ils ? Est-ce seulement un travail, une place dans la société, de l'argent, une vie autonome dans un appartement ? Quelle est la maturité possible pour les personnes ayant un handicap mental ? Quelle est leur forme de bonheur ?

Assez vite, j'ai réalisé que l'Évangile et une spiritualité chrétienne ne peuvent être séparés d'une pensée humaine, philosophique et morale. Une spiritualité n'est pas désincarnée. Elle s'enracine dans l'humain.

Ce livre trouve donc son origine à la fois dans ma thèse, lourde de pages, de précisions philosophiques, d'analyse des mots et des textes d'Aristote, et dans mon expérience de vie avec des femmes et des hommes fragiles et blessés par la maladie et le rejet. Il veut rendre accessible la sagesse de cet homme, Aristote. Les pistes qu'il donne peuvent nous aider non seulement à poser de bonnes questions, mais aussi à trouver de bons repères.

Beaucoup aujourd'hui n'ont pas de foi religieuse. Il faut pouvoir dialoguer avec eux, au niveau de la raison, pour réfléchir sur l'humain et sur la maturité humaine. Bien des principes d'Aristote sont valables pour toute morale. Être humain ne signifie pas simplement obéir à des lois qui viennent de l'extérieur de l'homme, mais atteindre sa maturité. Être humain, c'est s'accomplir le plus parfaitement possible. Si on ne s'accomplit pas, quelque chose est perdu pour l'humanité tout entière. Pour Aristote, cet accomplissement provient de l'exercice de l'activité la plus parfaite : rechercher en toute chose la vérité, fuir le mensonge et l'illusion, agir selon la justice, sortir de soi afin d'agir pour le bien des autres dans la cité.

Les citations d'Aristote dans ce livre sont précises et claires. Ceux qui souhaitent la justification des traductions, que j'ai faites moi-même, ou de certaines interprétations de sa pensée morale, doivent se reporter à ma thèse publiée chez Desclée de Brouwer en 1966[1]. Pour rendre la pensée aristotélicienne plus vivante et plus compréhensible, je l'ai parfois comparée à d'autres pensées plus modernes. Parfois, j'ai prolongé certaines idées d'Aristote pour montrer la richesse contenue dans les principes qu'il nous présente. Pour les traductions, je me suis aidé de la traduction française de nombreux textes d'Aristote par J. Tricot[2], et des traductions anglaises de W. D. Ross[3] et de Terence Irwin[4].

---

1. Le livre est bien sûr épuisé, mais consultable dans les bibliothèques spécialisées en philosophie.

2. Parus chez Vrin, à Paris.

3. W. D. Ross, *The Basics Works of Aristotle*, R. McKeon, New York, 1951.

4. T. Irwin, *Nicomachean Ethics*, Hackett, Indiana, USA, 1985.

1

Une morale du désir

Aristote, en philosophe, s'intéresse à la vision globale des choses. Sans verser dans l'esprit de système, il cherche à élaborer une sagesse qui intégrerait tous les aspects de la connaissance humaine, à cerner au mieux les différents objets de la connaissance, les certitudes auxquelles on peut prétendre et les méthodes pour y arriver.

Aristote a commencé, semble-t-il, par donner des cours de logique : comment l'intelligence humaine avance-t-elle pour connaître la réalité ? Pour procéder avec méthode, il faut d'abord bien connaître son instrument de travail. Ensuite, il s'est penché sur le monde physique, le ciel, les animaux… et, approfondissant le regard, il a entrepris une réflexion sur l'au-delà de ce monde, cherchant les causes premières de tous les êtres et de l'existence. Une recherche qu'on appelle métaphysique.

Dans le même temps, il aborde dans la *Politique* et dans l'*Éthique* l'agir de l'être humain.

Il veut chercher ce qui fait qu'un être humain est achevé, accompli, pleinement épanoui et réfléchir à la vie ensemble.

Cette question, qui a passionné Aristote, a passionné aussi ses prédécesseurs, en particulier Socrate et Platon. C'est la question de toutes les époques : de toute personne qui veut tendre à une véritable plénitude, des parents qui souhaitent montrer à leurs enfants la bonne direction, selon certaines valeurs. Quel type d'éducation peut conduire à une vie pleinement humaine ? Que faut-il enseigner et comment enseigner ? C'est aussi une question sociale et politique. En effet, la tâche d'un gouvernement, quel qu'il soit, est d'organiser la cité afin que le plus grand nombre de personnes puissent y vivre bien.

Ce qui est original chez Aristote et le distingue de ses prédécesseurs, c'est son désir d'établir une véritable science éthique : la science de l'homme. Cette science, il le dira clairement, n'a pas les mêmes certitudes que la métaphysique ou les mathématiques. Mais elle a sa certitude propre, dont on parlera plus tard, et sa méthode propre.

Nous allons cheminer pas à pas avec Aristote pour découvrir comment, selon lui, chacun de nous peut orienter sa vie dans la meilleure direction possible, afin d'accéder à une réelle maturité, à une plénitude humaine.

Le fondement de la morale aristotélicienne

Ce fondement est très simple : chaque être humain agit en vue d'un bien. Il tend vers quelque chose. Nous nous promenons car cela nous fait plaisir, nous met en forme et nous permet de voir des choses intéressantes. Nous étudions pour obtenir un diplôme, qui, à son tour, nous permettra d'avoir un travail. Plaisir, santé, travail… autant de biens que nous désirons, et qui sont les raisons d'être de nos actes. D'où cette formulation d'Aristote : « Le bien est ce vers quoi toutes choses tendent. » Évidemment, nous ne parlons pas ici du bien à l'opposé du mal, mais du mouvement d'attirance et de tension, au sens de *tendre vers*, qui existe entre une chose et son bien. C'est la tension de la plante vers le soleil, vers sa nourriture ; la tension vers sa croissance et sa plénitude par ses fleurs et par ses fruits. C'est là son bien. C'est l'attirance du tout-petit vers sa maman, de l'homme vers la femme, etc. Cette tension, cet élan s'appelle *désir*.

De même, dans les affaires humaines, toutes actions et toutes sciences visent, cherchent et désirent leur bien. La santé est le bien recherché par la médecine, la victoire celui visé par la stratégie.

Tout art, toute discipline scientifique, ainsi que toute activité humaine et tout choix délibéré se portent, selon l'opinion générale, vers quelque bien. Ainsi a-t-on raison de dire que le bien est ce vers quoi toutes choses tendent (EN 1094a1-3).

Cette définition peut nous dérouter. En effet, Aristote ne donne d'emblée aucune indication sur le contenu du bien : ce qu'il faut faire, ou ce qui s'imposerait à la conscience. Il observe et met en évidence ce qui lui paraît être son trait le plus fort : le bien attire, il est désiré, il fonde une attirance. C'est lui qui est à l'origine du désir. Insuffisant, diront ceux qui cherchent des critères précis pour bien agir. Nous nous trompons tellement sur le bien ! Nous verrons pourtant combien cette observation d'Aristote (ce *premier principe,* disent les philosophes) est profonde et oriente déjà beaucoup de choses en morale.

Ce n'est pas tout. Non seulement « le bien est ce vers quoi toutes choses tendent », mais les biens que nous cherchons se hiérarchisent. Nous voulons la santé pour pouvoir faire des études. Nous faisons des études pour trouver du travail. Si nous trouvons un travail, c'est pour avoir un salaire… et puis, et puis… Il y a une motivation ultime qui est à l'origine de toutes nos actions.

> *Si donc il y a une fin de nos actions que nous voulons pour elle-même, et les autres à cause d'elle, et si nous ne choisissons pas toujours une chose en vue d'une autre – ce serait remonter ainsi jusqu'à l'infini, en sorte que notre désir serait vain et inutile –, il est clair que cette fin doit être le bien suprême* (EN 1094a18-21).

Alors pour Aristote,

> *la connaissance de ce bien, par rapport à la vie humaine, est d'une grande importance et, le connaissant, nous pourrons, comme des archers qui savent le but, l'atteindre plus facilement* (EN 1094a22-24).

On vise d'autant mieux la cible qu'on la connaît. Cette métaphore de l'archer est pertinente. Tant de gens à notre époque, et depuis toujours, ne s'intéressent pas à la cible, c'est-à-dire à la fin ultime de leurs actions. Ils sont mus par *ce que tout le monde veut*. Comme si leur famille, la société, les médias imposaient leur culture. Certes, ils veulent la réussite, le plaisir ou les honneurs, mais sans savoir « pour quoi ? ». Ils sont pris par des projets à court terme qui les empêchent de réfléchir sur le but et le sens de la vie humaine. Que désirent-ils ? Ils ne le savent pas. La science morale est là pour aider chacun à réfléchir. « Que veux-tu de la vie ? Qui veux-tu être ? Ne sais-tu pas que tu es responsable de ta vie ? »

Cela demande bien sûr une certaine maturité, une capacité de réfléchir, de se mettre en cause et de vraiment désirer être pleinement humain. Pour Aristote, donc, n'importe qui ne peut pas se mettre à l'étude de cette science morale. C'est pour cela qu'il n'encourage pas les jeunes à s'engager dans ce domaine. En effet, la morale est une science pratique ; elle aboutit à un choix concret de vie. Une morale qui demeurerait uniquement dans l'ordre de la connaissance ne serait plus pour Aristote la vraie démarche morale. Donc, pour entreprendre cette étude, il faut avoir le désir d'opter pour le vrai bien, le bien ultime. Ce qui demande une certaine maturité. Pourtant, ce désir ne suffit pas. Il faut également une certaine expérience de vie. Or pour beaucoup de jeunes, cette expérience est voilée par les désirs de leurs passions :

> *Un jeune n'est pas un étudiant approprié pour l'étude de la science politique [qui implique l'éthique] car il manque d'expérience des choses de la vie qui sont le point de départ et*

l'objet de cette science. De plus, comme il est enclin à suivre ses passions, cette science ne lui sera d'aucun profit ou utilité puisque le but de la science politique n'est pas la connaissance mais l'action (EN 1095a2-6).

Réflexion sur ce fondement

Revenons donc sur ce fondement de la morale d'Aristote, car la manière de commencer en morale est déterminante pour la suite. Aristote ne propose pas d'abord une morale de la loi, ou une morale qui se formulerait dans un impératif catégorique. Il part d'un fait : nous, êtres humains, nous nous portons vers des objets ; nous les désirons ; nous voulons les posséder, les manger, être un avec eux ; nous voulons les regarder, les contempler, prendre notre joie en eux. C'est l'expérience du désir. Qu'il s'enracine dans nos appétits corporels ou dans nos puissances spirituelles, c'est toujours l'expérience d'une attirance, d'un élan, d'un mouvement qui nous fait nous porter consciemment vers un objet. La morale, pour Aristote, s'éprouve, par le sujet qui agit, comme une *morale du désir*.

Désir : le terme est plus vaste chez Aristote que dans notre sensibilité contemporaine, pour laquelle il est toujours coloré de passion. *Orexis*, que nous traduisons – à la suite de beaucoup d'autres[1] – par désir, est un terme générique qui, pour Aristote, recouvre aussi bien les passions que la volonté ou « appétit rationnel ». Pourtant, l'expérience semblerait nous montrer que les ressorts dans la passion et la volonté ne sont pas les mêmes. Mais Aristote utilise un même mot générique, *orexis*, le désir, pour désigner l'attirance qui nous fait nous élancer vers ce qui nous apparaît comme un bien.

Selon Aristote, entrer dans la démarche morale suppose donc se mettre à l'écoute de ce qui profondément nous attire, se familiariser avec ce regard qui voit les choses dans leur mouvement de désir. C'est la première vertu du moraliste, beaucoup plus que le sens de la loi. Mais nous avons peur du désir et de nos désirs. Peur de nous laisser déborder, peur de ne pas savoir discerner, entre tous nos désirs, ceux qui sont les plus profonds et les plus vrais.

Pourtant, une morale du désir est une bonne nouvelle pour notre temps, devenu allergique aux morales de la loi. Le respect de la loi parce que c'est la loi ne passe plus. Ni auprès des jeunes, ni tellement auprès des autres. La loi ne

1. Voir sur ce point la traduction de J. Tricot (Vrin, Paris, 1979) : « L'*orexis* est le désir, genre dont l'*épithumia*, le *thumos* et la *boulêsis* sont les espèces. L'*épithumia* est l'appétit irrationnel ; [...] le *thumos* est le courage ; [...] la *boulêsis* est le souhait ou désir volontaire, rationnel, raisonné » (EN 1094a, p. 31, note 4).

morale du désir ≠ morale de la loi.

peut plus s'imposer du dehors. Et même si elle s'impose à ma raison comme une loi universelle qui me concerne comme « être de raison », elle ne touche pas forcément les ressorts les plus profonds de mon action. Aujourd'hui on veut vivre, expérimenter les choses. Et, de plus, on veut que ces choses nous fassent vibrer. Ici, Aristote rejoint certaines attentes de la sensibilité contemporaine, en nous obligeant au retour à l'expérience. En nous invitant à scruter en nous-même ce qui nous attire, mais aussi à discerner le superficiel du plus profond, à faire le tri et la lumière sur ce qui nous habite au plus intime. Pour tenir la route, la morale du désir doit se conjuguer avec un sens du discernement et du choix, qui, cette fois-ci, fait clairement défaut à notre culture.

Les désirs et le désir

À peine se met-on à parler de morale du désir que se profile une objection majeure : suivre ses désirs ne peut mener qu'à l'éclatement et à la dispersion. Voyez les jeunes qui suivent tous leurs désirs et qui s'éclatent – dans tous les sens du mot ! Cet éclatement n'est-il pas comme un cri et un appel de la part de ces jeunes qui n'arrivent plus à discerner le désir fondamental de leur cœur ? Le désir le plus profond, le plus unifiant, celui qui va les aider à trouver leur accomplissement.

Nous-même, nous faisons l'expérience de désirs qui s'opposent. Nous sommes tiraillé dans des directions différentes. Nous voulons faire plaisir à un ami, mais en même temps nous désirons être seul pour vaquer à nos propres affaires. Nous voulons boire du cognac, mais nous avons peur d'avoir mal au foie. Nous voulons étudier, mais en même temps nous avons envie d'aller au cinéma. Dans ces tiraillements, y a-t-il un bien suprême recherché pour lui-même ? Y a-t-il un désir fondamental qui nous pousse à chercher d'autres biens afin d'aboutir à la conquête d'un désir fondamental, celui qui gouverne tous les autres ?

Oui, répond Aristote, ce que nous cherchons à travers tous nos tâtonnements, ce bien suprême auquel nous tendons maladroitement porte un nom : le bonheur.

> *Sur son nom au moins il y a un accord presque général : la plupart des hommes et les hommes cultivés l'appellent le bonheur et ils identifient le bien-vivre et le bien-agir avec être heureux* (EN 1095a17).

Le désir du bonheur est la clé de voûte du comportement humain, observe Aristote. La finalité de toutes nos finalités. Ce qui fait que sa morale est aussi une morale du bonheur. Car il faut bien un principe d'unité à notre agir, comme le soulignent aujourd'hui la psychanalyse et la psychologie moderne. Tout homme, y compris la personne malade ou blessée psychologiquement, cherche à accomplir un désir fondamental qui est comme la clé de voûte de son comportement. Chez l'homme blessé, et nous le sommes tous, ce désir peut être resté infantile et maintenir la personne dans un état de non-liberté. Quand, par exemple, on recherche inconsciemment l'approbation des parents dans tous nos choix : choix de notre métier, choix de notre conjoint. Les psychiatres appellent cela « l'idéologie qui gouverne le moi ». Et tout leur travail est de faire émerger cette idéologie à la conscience, pour que l'homme fasse des choix libres et ne soit plus gouverné par la peur et la culpabilité.

Mais, plus haut et au-delà de ses failles psychologiques, et même à travers elles, l'agir de l'homme se comprend par le désir de bonheur qui habite son cœur. Et sur ce principe d'unité tout le monde est à peu près d'accord. Sur le nom tout au moins, si ce n'est sur le contenu. Quand il s'agit de définir le bonheur, les opinions divergent.

> *Mais sur ce qu'est le bonheur, il y a différence d'opinions ; la plupart des hommes ne disent par la même chose que les philosophes. Les premiers affirment que c'est une chose visible et apparente comme le plaisir, la richesse et l'honneur. Pour les uns, c'est une chose, et pour les autres, une autre chose. Souvent le même homme change d'avis à son sujet : malade, il voit le bonheur dans la santé, et pauvre, il le voit dans la richesse. Quand les hommes sont conscients de leur ignorance, ils admirent quelqu'un qui fait de grands discours qui les dépassent. Certains philosophes [Platon et ses disciples], par contre, pensent qu'en dehors de cette multiplicité de biens, il en est un qui existe en soi, et qui est cause de la bonté de tous les autres biens* (EN 1095a22-27).

Notons, en outre, qu'Aristote a confiance dans la nature en général, et dans la nature humaine en particulier. Si, chez tous les humains, il y a un désir de bonheur, alors le bonheur est possible. La nature n'est pas un mauvais génie qui nous ferait voir un mirage inaccessible. La nature est bonne. Elle ne fait rien en vain. Comme la semence plantée dans la terre donne infailliblement des fleurs, puis des fruits, ainsi l'être humain peut-il cheminer vers le bonheur – non infailliblement dans son cas –, pourvu qu'il le connaisse, le recherche, fasse les bons choix et comprenne que ce cheminement peut prendre toute une vie.

Chez certaines personnes, cette perspective d'une recherche délibérée et consciente du bonheur ne va pas de soi : elle fait naître une sorte de culpabilité. « Ai-je le droit de rechercher le bonheur quand tant de personnes souffrent et sont malheureuses ? » se demandent-elles. Une culpabilité d'autant plus paradoxale qu'elle peut tout à fait s'accommoder, dans la mentalité contemporaine, de la recherche des plaisirs. Là encore Aristote nous aide à faire le point sur ce que nous voulons vraiment. Il serait étrange que l'homme refuse d'exercer son métier d'homme, et qu'il s'en remette pour sa vie, qui est son bien le plus précieux, au bon vouloir des pulsions.

Comment imaginons-nous le bonheur ?

Que disent les hommes du bonheur ? Dans quelles directions le cherchent-ils ? Plaisirs, richesses, honneurs : rien n'est périmé de ce qu'indiquait Aristote. La recherche des biens et des plaisirs est, pour notre culture de consommation, quasi une seconde nature ; la poursuite des honneurs fait toujours courir autant de monde, tant notre époque est avide de reconnaissance. Quant aux sages, que disent-ils ? Renoncer à tous ces biens matériels, porter notre désir plus haut ? Parmi toutes les formes de sagesse spirituelles, centrées sur l'intériorité, il y a toujours eu au cours de l'histoire quelqu'un pour défendre la suppression des désirs comme condition du bonheur. Mais, aujourd'hui, Platon et surtout les stoïciens semblent faire moins d'émules que certaines mystiques orientales. L'union avec le bien en soi attire moins que la promesse de la suppression du stress par le vide intérieur.

Mais ce n'est pas le style d'Aristote de faire l'impasse sur les réalités terrestres et d'aller trop vite vers les choses de l'esprit. Dans un premier temps il suit, pour l'examiner, l'opinion du commun des mortels, qui ne sépare pas l'aspiration au bonheur des plaisirs, des honneurs et des richesses. Ce qu'il a discerné en son temps reste valable aujourd'hui.

Regardons du côté des plaisirs : il n'est pas besoin d'être un jouisseur effréné pour identifier bonheur et vie de jouissance. C'est une opinion répandue aussi bien chez celui qui travaille, qui construit sa maison ou prend soin de sa famille. Justement, pense-t-il, il y a ce qui donne du travail et de la peine et ce qui donne du bonheur : les plaisirs de la vie au temps des vacances ou de la retraite. Les voyages, les rencontres agréables, les restos, les dernières sorties à la mode. S'amuser, en somme. Mais en y réfléchissant bien…

> *Il serait en effet absurde que la fin de l'homme fût le jeu et qu'on dût travailler et souffrir de la peine pendant toute sa vie en vue de s'amuser […]. Se dépenser avec autant d'ardeur et de peine en vue de s'amuser ensuite est évidemment insensé et excessivement puéril ; au contraire, s'amuser en vue d'exercer une activité sérieuse, voilà ce qui paraît être juste. Le jeu, en effet, est une sorte de détente, du fait que nous sommes incapable de travailler d'une façon ininterrompue et que nous avons besoin de détente. Celle-ci n'est donc pas une fin, au contraire, elle est en vue de l'activité. Mais il semble que la vie heureuse est celle qui est selon la vertu*[1] *; or, celle-ci requiert un effort sérieux et n'est pas dans l'amusement. Or, nous disions que les choses sérieuses sont meilleures que les choses amusantes ou qui font rire, et que l'activité la plus sérieuse est, toujours, celle de la meilleure partie de l'homme ou celle de l'homme le plus vertueux. Par suite, l'activité de ce qui est meilleur est elle-même plus excellente et plus béatifiante* (EN 1176b28-1177a7).

Autre axe de recherche du bonheur : les honneurs. Poursuivre les honneurs est un trait qui caractérise surtout les gens cultivés.

---

1. Chez Aristote, la vertu est une disposition stable de l'être humain et constitutive du bonheur (voir p. 44 dans ce même chapitre).

Les gens cultivés, et qui sont actifs dans la cité, cherchent l'honneur, car c'est lui qui est plus ou moins la fin de la vie politique (EN 1095b22).

Avec les politiques on peut ranger les hommes de pouvoir en général, tous ceux qui exercent un gouvernement, au plan économique, financier ou religieux. La poursuite des honneurs peut aussi atteindre les hommes de science. Comme s'il était vrai que plus on est haut plus on est tenté par les signes visibles de reconnaissance. Plus on accomplit des choses nobles, plus on est tenté par l'admiration des autres. « Une statue en notre honneur », du temps des Grecs, une rue, une bibliothèque, un bâtiment public à notre nom ou au moins la Légion d'honneur, aujourd'hui. Du moins pour ce qui est des signes visibles. En effet, d'autres chercheront plutôt la renommée ou le succès. Tout leur effort sera de gagner une place dans le cœur de leur entourage ou de leur « public », d'être admiré, de soigner leur image.

Mais l'honneur apparaît comme une chose trop superficielle pour être l'objet cherché, car de l'avis général, il dépend plutôt de ceux qui honorent que de celui qui est honoré. Intuitivement nous pensons que le bien est quelque

> *chose qui nous appartient en propre et qu'on ne peut nous retirer facilement* (EN 1095b24-26).

Voilà bien le défaut de l'honneur : il dépend de l'autre pour exister. Le bonheur n'est-il pas plus intime à nous-même ?

Quant à l'accumulation des richesses, le profit pour le profit, elle nous éloigne encore plus de l'idée que nous nous faisons du bonheur. Car nos richesses sont pour autre chose : le pouvoir, la considération, les plaisirs, les amis. Elles n'ont pas valeur de *fin ultime.* Suffirait-il d'être dépossédé de ses biens pour être dépossédé du bonheur ? Le bonheur n'est-il pas quelque chose de plus profond ?

> *Quant à la vie de l'homme d'affaires, c'est une vie pleine de contraintes ; et la richesse n'est évidemment pas le bien que nous cherchons, puisqu'elle est seulement utile, un moyen en vue d'une autre chose* (EN 1096a6).

Le bien, ou le bonheur, est à chercher dans une autre direction. Il faut se fier à l'intuition que nous en avons : quelque chose de profondément intime à nous-même, qu'on ne peut pas nous ravir comme un objet ; et aussi une réalité qui se suffit à elle-même, parce qu'elle est la fin la plus haute de nos désirs. La fin ultime et parfaite, celle en vue de quoi on fait tout.

Or nous disons que ce qui est recherché pour lui-même est plus parfait que ce qui est recherché en vue d'autre chose ; et ce qui n'est jamais choisi en vue d'autre chose est plus parfait que ce qui est choisi pour lui-même et en vue d'autre chose [...]. Le bonheur, selon l'opinion générale, est surtout cela, car nous le choisissons toujours pour lui-même et jamais en vue d'autre chose. En effet nous choisissons l'honneur, le plaisir, l'intelligence et les vertus, certes pour eux-mêmes (car, même s'il n'y avait rien de plus, nous choisirions ces biens, chacun pour lui-même), mais nous les choisissons encore en vue du bonheur, car nous estimons devenir heureux grâce à eux. Par contre, le bonheur n'est jamais choisi en vue de ces biens, ou, d'une façon générale, en vue d'aucun autre (EN 1097a30-b7).

Cela conduit Aristote à affirmer que le bonheur est ce qui se suffit à soi-même, c'est-à-dire qu'on ne le recherche pas pour autre chose.

Nous disons que « ce qui se suffit à lui-même » est ce qui seul fait que la vie est aimable et n'a besoin de rien d'autre. Or tel est selon nous le bonheur (EN 1097b14-16).

Quel est donc ce bien suprême ?

Il faut avancer un peu plus dans la connaissance de ce qu'est le bonheur, de son *contenu*.

Peut-être pourrait-on y arriver en déterminant l'activité propre à l'être humain. Car, de même que pour le joueur de flûte, le sculpteur et tout artiste, ou, en général, tous ceux qui ont une activité et une œuvre propres, c'est dans cette activité propre – selon l'opinion générale – que se trouvent le bien et le bon, de même en est-il apparemment pour l'homme – s'il a une activité propre à lui (EN 1097b21-27).

L'homme a-t-il une œuvre ou une activité propre ? Aucun doute là-dessus.

Serait-il donc possible que le cordonnier et le charpentier aient certaines activités et œuvres propres et que l'homme, en tant que tel, n'en ait aucune ? Serait-il par nature un être sans activité propre ? Ou bien encore, de même que l'œil, la main, le pied, en un mot, chaque partie du corps, ont manifestement une activité propre, ne doit-on pas admettre que l'homme a également la sienne propre, en dehors de toutes ces activités particulières ? Mais quelle est cette œuvre propre à l'homme ? (EN 1097b28-33).

Ce qui nous amène à la définition du bonheur selon Aristote.

L'activité ou l'œuvre propre de l'homme est à chercher du côté de sa différence propre, de sa définition la plus intime, qu'Aristote partage avec tous les Grecs : l'homme est un être doué de raison (*logos*). Cette activité est soit « obéissance à la raison », soit « exercice de la pensée ». Le bien de l'homme est alors une « activité de l'âme selon la raison (*logos*), ou du moins, pas sans la raison ». Et cette activité doit être parfaite et excellente, c'est-à-dire « découlant de la vertu, et s'il y a plusieurs vertus, de la meilleure et de la plus parfaite » (EN 1098a7-17).

Que penser de cette définition ?

Toute la morale du bonheur est commandée par trois termes : *logos, vertu* et *activité*. Le bonheur, dit Aristote, est une *activité* selon le *logos*. Si on traduit *logos* par raison ou par règle, cela va faire de sa morale une réalité très raisonnable ! Il faut donc approfondir ce mot. Dans la culture grecque de l'époque, c'était un mot chargé de signification, impossible à traduire par un seul mot français. « De tous les mots de l'*Éthique*, le plus difficile à traduire est *logos* », écrit W. D. Ross dans son excellente traduction de l'*Éthique*[1].

Le « logos »

Pour Aristote, ce qui spécifie l'être humain – ce qui le distingue des animaux –, c'est la raison, le *logos*. L'homme est un animal raisonnable,

1. Note sur EN 1095a10, trad. W. D. Ross, Oxford University Press, 1954.

capable de réfléchir et de penser. Peut-être à notre époque la différence entre les animaux et les êtres humains a-t-elle été un peu obscurcie. On parle de l'intelligence des dauphins et de leurs capacités à communiquer entre eux ; on parle de la vie du groupe des abeilles, de l'intelligence et de la bonté des chats et des chiens. Il y a, certes, de la tendresse et de la communication chez certains animaux, mais l'homme seul parmi les *animaux* cherche, avance, évolue, en constant mouvement vers autre chose. Depuis des siècles, les vaches demeurent dans leur pré, broutant l'herbe, leurs yeux manquant de profondeur : en elles il y a peu d'angoisse. L'être humain par contre est un grand angoissé. Il cherche sans fin les clés du bonheur.

Érasme disait que « l'homme est le plus calamiteux des animaux, parce que tous acceptent de vivre dans les limites de leur nature, tandis que seul il s'efforce de les franchir[1] ». N'est-ce pas le drame de l'homme en quête d'infini, du « toujours plus » ? Plus de pouvoir, plus de richesses, plus d'amour et de liberté, plus de sens de la vie et de Dieu ? N'est-ce pas cette soif de l'infini qui pousse l'humanité, de génération en génération, à aller plus loin, à faire de

1. *Éloge de la folie*, cité par Denis Vasse dans *Le Temps du désir*, Garnier-Flammarion, Paris, 1964, p. 43.

nouvelles découvertes, à évoluer vers le nouveau ? Ce qui permettra de s'affranchir de l'angoisse et de la mort, pense l'homme.

Pour percevoir cette différence propre de l'homme, on ne peut se contenter du regard darwinien qui s'arrête au plan biologique. Il faut contempler l'homme dans ses fruits, dans son agir et dans ses œuvres. Toutes les entreprises humaines portent la marque d'un désir d'infini. Jusqu'au désir d'infinie jouissance ou d'infinie puissance. Preuve qu'il y a quelque chose de spécial dans l'homme qui fait que l'homme est homme. Aristote a nommé cette différence le *logos*.

Le *logos*, pour les Grecs, signifie aussi la théorie, la science ou la définition d'une réalité et même le mot ou la parole qui la signifient. Mais si *logos* est définition, c'est parce que les choses sont connaissables. C'est là que nous pouvons dire, en prolongeant la pensée d'Aristote et en manifestant les vérités contenues dans ce qu'il dit explicitement, que le *logos* est en relation intime avec la *lumière* en chaque être qui lui permet d'être connu ; il saisit l'*intelligibilité* ou le sens de chaque être. Ce *logos* n'est pas simplement la définition formelle, il est, plus profondément, le reflet de la lumière dans chaque être, qui provient non seulement de ce qu'il est, mais aussi de son origine et du but vers lequel il tend. C'est pour cela que dans un de ses ouvrages Aristote dit que « la cause finale est *logos* et le *logos* est le principe » (De Part. Anim. 639b15), car c'est à partir de la cause finale (*logos*) – la raison pour laquelle une chose est faite – qu'on peut vraiment le comprendre. Pour comprendre le *logos* de la feuille d'un arbre, par exemple, il faut savoir ce qu'elle est, de quelle matière elle est faite, comment elle sort d'une branche, comment elle est nourrie par la terre et les racines, comment elle reçoit les rayons du soleil et émet des gaz dans l'univers. Il faut savoir comment toutes les feuilles des arbres influent sur le climat d'une localité, et comment finalement chaque feuille tombe, nourrit la terre, après avoir été nourrie par elle, et permet aux animaux et aux êtres humains de vivre. La feuille est liée au mouvement de la vie vers la mort, et de la mort vers la vie. Le *logos* de la feuille, et donc de chaque chose, est beaucoup plus qu'une définition rationnelle. Il est la feuille dans ses relations avec l'arbre, la terre, le soleil, le climat et d'autres vivants. Le *logos* implique et cherche une véritable vision du monde.

Mais le *logos* est aussi en l'homme ce qui permet de saisir cette lumière dans les êtres, de les connaître, de les comprendre, de saisir les différentes causes de son être. C'est l'intelligence en tant que lumière capable de saisir ce qui est lumineux dans les choses, l'intelligence qui cherche le contact intime avec le réel. Le *logos* se situe du côté de l'esprit, sans être froidement ou purement intellectuel. À sa suite, c'est tout l'être, puissances sensibles et affectives comprises, qui s'élance vers le réel, habité par la confiance que cet effort ne sera pas vain. Ce mouvement qui nous porte vers le dehors est très différent d'une connaissance qui procède de l'intériorité, à la manière de Platon, convaincu qu'il faut chercher le bien à l'intérieur de soi. Et très différent d'une conscience de soi qui se saisit en se réfléchissant elle-même.

Le *logos* est à la fois l'intelligence (en grec, *nous*) qui saisit les principes intuitivement et l'intelligence discursive, qui raisonne à partir des principes. Ainsi le *logos* est une lumière qui permet de contempler, de comprendre, de raisonner, d'ordonner, de nommer, de commander et de régler. Le *logos* n'est plus alors seulement l'intelligence discursive, ce qu'on appelle la raison ; il est un principe intérieur à l'être humain, qui lui permet de comprendre, de se gouverner. Il apparaît comme une lumière qui est aussi une règle. Si on s'appuie sur le texte d'Aristote où il dit que le *logos* est la fin, c'est-à-dire la cause principale, la cause qui donne l'ultime signification à une chose, on peut dire aussi que le *logos* est la lumière qui permet à l'être humain de se réaliser pleinement, d'atteindre sa fin, soit dans l'exercice de l'activité la plus noble, soit dans une activité soumise à cette lumière qui devient alors la règle ou la loi qui conduisent à cette fin.

Ainsi la définition de l'homme, « un être ayant un *logos* », pourrait se réactualiser dans son sens le plus fidèle en « un être possédant une lumière intérieure capable de saisir la lumière dans d'autres êtres, de devenir autonome par le fait même et de se gouverner vers la lumière ». *Lumière* n'étant pas à prendre ici au sens mystique, mais au sens de ce qui est lumineux pour l'esprit. Au sens où l'on dit que notre esprit est *éclairé* quand il comprend.

Et la définition du bonheur comme « activité selon le *logos* » deviendra l'activité dans l'homme qui est la plus belle, la plus grande, jaillissant de la lumière qui est en lui. Mais comment traduire tout cela en quelques mots ? C'est la difficulté de toute traduction.

La vertu

Pour comprendre encore cette définition du bonheur, « une activité émanant du *logos* selon la vertu », il faut aussi comprendre le mot *vertu*, qui revient constamment dans la morale d'Aristote. Dans la culture d'aujourd'hui, ce mot sonne mal. Les hommes vertueux n'ont-ils pas quelque chose d'un peu rigide, ne sont-ils pas des êtres soumis aux lois ? Ils ne sont pas très drôles.

La vertu selon Aristote est la capacité de l'être humain de bien agir, de bien penser ou de bien produire une œuvre. Elle implique l'excellence. En effet, pour être un bon cithariste, il faut des dispositions musicales ; il faut apprendre à bien jouer de la cithare, il faut s'exercer. C'est seulement à ce moment-là qu'on a la vertu d'un cithariste. On jouera alors de la cithare avec compétence, facilité et joie. Avant d'avoir acquis cette vertu, on pourra peut-être jouer mais sans cette grande facilité qui est comme une seconde nature. Pour Aristote, il y a d'abord les vertus intellectuelles : l'art, la science, la prudence, la sagesse et l'intelligence des principes. Il s'agit de développer ses capacités intellectuelles, d'avoir une excellence dans ce domaine, ainsi nous posséderons les vertus intellectuelles. Mais ce n'est pas tout… Pour être vraiment humain et vivre humainement, il faut une certaine étoffe ou une structure intérieure qui permette d'agir correctement, de respecter le droit des autres, d'être maître de soi, de parler en vérité, d'être intègre et honnête.

> *Personne ne qualifierait d'heureux un homme qui n'aurait pas la moindre parcelle de courage, de tempérance, de justice ou de sagesse, et qui aurait peur d'une mouche volant autour de lui, ou qui ne pourrait s'empêcher des pires excès quand il a faim ou soif, ou qui vendrait pour quelques centimes ses plus chers amis, ou qui serait complètement « tête en l'air » et manquerait de bon sens comme un petit enfant ou un fou* (Pol. 1323a27-33).

Cette structure intérieure, qui nous sort de la désintégration absolue, est la vertu morale, conçue elle aussi comme une excellence. Un homme peut faire un acte courageux avec difficulté, sans avoir la vertu du courage. La vertu est une excellence qui lui permet d'agir courageusement avec une certaine facilité et une certainc joie. Il est comme entraîné vers le courage. Donc le bonheur, « acte émanant du *logos* selon la vertu », implique que la personne ait acquis des connaissances, se soit exercée et qu'elle puisse maintenant agir humainement, avec une certaine excellence, facilité, joie. C'est le domaine des vertus humaines ou morales.

Une activité

Selon la définition d'Aristote, le bonheur n'est pas alors un état, il est une activité vitale procédant de l'intérieur de l'être humain. Le bonheur, pour Aristote, n'est pas le lot de quelqu'un qui jouit paisiblement et confortablement de ses biens, qui est heureux avec sa famille, son travail, son succès, ses richesses et les honneurs, ou qui est satisfait de lui-même. Le bonheur est une activité vitale qui donne une joie immense, et qui est vie. C'est l'activité pleinement jouissante d'un être qui est, tout entier, avec son intelligence et toute sa personne, orienté vers plus noble et plus grand que lui. Mais cette vie qui est une activité implique au préalable un véritable travail sur soi, des études, une discipline.

Rappelons ici que, pour Aristote, il y a deux formes d'activité : l'une qui vise la création d'un objet à l'extérieur de soi, on produit un livre, on fabrique un objet, on réalise une œuvre d'art ; et une autre qui ne vise rien à l'extérieur : elle est une activité immanente. La joie de cette activité n'est pas dans la production mais dans l'activité même. De fait, certains artistes parlent de leur joie extatique en écrivant de la poésie, en peignant un tableau. Parfois, quand l'œuvre est accomplie, ces artistes sont déçus. Cette activité artistique n'est pas tout à fait une action immanente car il y a un objet produit, mais elle s'en approche. Pour Aristote, l'activité immanente la plus parfaite est dans la recherche de la contemplation, dans la vision de la vérité. Nous en parlerons plus loin.

Le bonheur comme activité vitale nous fait toucher des questions de morale importantes aujourd'hui. La vie humaine est-elle seulement de réussir, de bien accomplir son travail et ses devoirs dans la cité et dans la famille ? Le bonheur humain est-il de *se reposer* dans la conscience d'avoir bien réussi sa vie, d'avoir reçu des honneurs, et d'être entouré de sa famille et de ses amis ? Où se situent alors la fête et la passion ? Pour certaines personnes aujourd'hui, le bonheur n'est-il pas davantage dans des activités excitantes, des moments d'exaltation et d'enthousiasme ? Car la vie quotidienne peut paraître si morne, si répétitive, si ennuyeuse. Et quand la vie ne procure pas ces moments exaltants on les cherchera quelquefois dans une certaine frénésie autour du boire et du manger, dans l'alcool ou la drogue, par exemple. Certes il faut travailler, il faut avoir de l'ordre, il faut accomplir son devoir, mais le bonheur ne se trouve-t-il pas plutôt dans une activité réjouissante ? Le point de vue d'Aristote c'est qu'il faut viser haut. Il faut trouver cette activité vitale qui procède du plus profond de soi et qui apporte une joie immense. Cette joie n'est pas seulement dans l'œuvre accomplie mais dans l'activité elle-même, procédant du plus profond de soi. Le bonheur ne se situe pas dans la capacité d'agir mais dans une expérience de vie plénière qui apporte une joie immense. Nous en parlerons plus loin en abordant les thèmes de la nature du plaisir et de la joie chez Aristote.

La joie de vivre est dans la conscience qu'on a de la vie en soi

Le génie d'Aristote est d'avoir saisi la joie de vivre liée à la conscience de l'activité. Cette joie immense n'est pas seulement la joie d'atteindre l'objet de ses désirs, mais la joie de se sentir vivre et exister à travers une activité.

> *La vie elle-même est une chose bonne et agréable : car tout le monde la désire, et surtout les hommes justes et heureux, car, pour eux, la vie est très particulièrement désirée, et leur activité vitale est la plus heureuse.*
>
> *Or, celui qui voit a conscience qu'il voit ; de même, celui qui écoute sent qu'il écoute ; celui qui marche sent qu'il marche, et d'une façon*

semblable pour les autres activités. Il y a quelque chose qui nous permet d'avoir conscience que nous sommes en activité de telle sorte que nous percevons que nous sentons, et nous percevons que nous pensons.

Or, percevoir que nous sentons et que nous pensons, c'est sentir que nous existons, car l'existence, nous l'avons dit, est sensation et intellection.

Avoir conscience qu'on vit est une réalité agréable en elle-même, car la vie est un bien naturel, et sentir un bien présent en soi est agréable.

Et la vie est surtout désirable pour les hommes bons, parce que l'existence est une chose bonne pour eux et agréable, et ceux qui ont conscience de posséder en eux ce qui est un bien en soi sont dans la joie (EN 1170a24-1170b5).

Cette conscience de soi n'est pas conscience d'avoir vécu une bonne vie, elle est une *expérience de vie.* Nous verrons que cette activité vitale a toujours un objet vers lequel on tend, un objet regardé, aimé, contemplé. Elle n'est pas seulement conscience de soi, de sa vie et de son existence, mais conscience de soi en étant orienté vers un autre ou vers la vérité contemplée. Il y a comme une double joie : la joie de la présence de l'objet vu et contemplé, mais aussi la joie de se sentir vivre et exister dans et à travers cette union avec l'objet recherché et aimé. Nous sommes loin de la conscience de soi recherchée par certaines philosophies modernes ou de la conscience de soi à travers le vide, qu'on trouve dans certaines mystiques venant de l'Orient. Il y a peut-être une forme de conscience de soi dans le vide, mais ce n'est pas la vision d'Aristote. La conscience de soi provient de la présence de l'objet désiré.

L'homme a besoin d'un objet hors de lui pour s'actualiser, pour être pleinement vivant et pour avoir conscience de vivre et d'exister. Cela parce que l'homme n'est pas parfait en lui-même. Il fait partie du monde et en est une partie. Il n'est pas le *tout* de l'univers, il n'est pas Dieu. Il n'a pas demandé à naître, et a bien du mal à envisager qu'il doit disparaître et mourir. Il a reçu son être, son corps, son intelligence, et c'est à travers son corps et ses sens qu'il est en rapport avec l'univers et les autres êtres, car toute connaissance pour Aristote provient initialement des sens. L'homme se situe dans un réel dont il a vitalement besoin. Il n'a pas créé le réel, il est appelé à le connaître, à le comprendre, voire à le contempler. Il peut aussi le modifier, agir sur lui, mais dans certaines limites qui respectent ce réel.

La morale d'Aristote se situe à l'intérieur de sa vision du monde. Parce que l'homme *est* un corps, il est soumis aux changements, à la fatigue, à la maladie, à la mort, à mille besoins nécessaires au bon fonctionnement de son corps et de son âme. Le bonheur n'est donc pas dans une séparation d'avec le corps ; il implique une intégration de son corps et de ses fragilités. C'est là où Aristote se sépare de son maître et ami, Platon, pour qui l'âme cherche à se séparer du corps pour rejoindre l'idée du bien. Aristote est réaliste.

> *Comment se fait-il donc que personne ne ressente le plaisir d'une façon continue ? N'est-ce pas à cause de la fatigue ? Rien de ce qui est humain, en effet, n'est capable d'être en activité d'une façon continue* (EN 1175a3-4).

Cependant, le bonheur lui-même réclame cette continuité d'agir, puisqu'il n'est pas ailleurs que dans l'activité. Et c'est pour cette raison, entre autres, que l'activité contemplative constitue le bonheur. Paradoxalement, elle est la moins fatigante de toutes nos activités.

> *La contemplation est l'activité la plus continue, car nous sommes capables de plus de continuité dans la contemplation qu'en toute autre activité* (EN 1177a22-23).

Bios *et* zôê

Dans « activité vitale », il y a *vie.* Pourtant, ce que nous entreprenons n'exprime pas toujours la vie, n'irradie pas toujours une grande vitalité. Notre vie, dans la durée, n'est pas toujours à la hauteur d'une vie vraiment vivante. Comment allier ce désir d'un bonheur immense et le quotidien de la vie avec ses multiples fonctions, avec la vie de famille, la vie sociale, l'enseignement, le travail ? Le génie d'Aristote est de lier l'activité suprême et vitale avec la vie dans sa durée.

En grec, il y a deux mots pour signifier la vie : *bios* et *zôê. Bios*, c'est la vie dans sa durée, les différents états ou les différentes formes de vie. (*Bios* ne spécifie pas du tout la vie animale, comme le mot « biologie » pourrait le laisser entendre. Cette étymologie serait ici trompeuse.) D'où l'emploi qu'en fait Aristote : « Le bonheur est l'activité la meilleure... se réalisant dans une vie [*bios*] complète » (EN 1098a-18). De même, Aristote parlera de la vie politique (*bios politikos*) ou de la vie contemplative (*bios theôrêtikos*), alors qu'il emploie *zôê* pour l'activité vitale. *Zôê* est ce qui donne vie, ce qui nous rend vivant, et qui fait qu'on veut vivre, croître et être. « La vie [*zôê*] est commune aux hommes et aux plantes » (EN 1097b-33).

Il s'agit que notre vie dans sa durée se conjugue avec une activité vitale. Une fois qu'un homme a découvert et expérimenté que le bonheur est dans une activité parfaite en vue d'un objet le plus parfait possible à réaliser ou à contempler, il oriente sa vie (*bios*) dans sa durée vers cette activité béatifiante et vitale (*zôê*). Il l'oriente soit pour s'accomplir parfaitement dans une activité purement intellectuelle, soit dans une vie politique pour aider ses concitoyens à atteindre le bonheur. Il aura aussi sa vie familiale, travaillera dans la cité, aura des amis, et tout cela sera orienté vers certains moments d'activité bienheureuse.

Cela ne veut pas dire qu'il n'aimera pas la bonne nourriture, le travail dans la cité, sa vie familiale, ses amis. Aristote n'ignore pas que ces biens intermédiaires sont désirables et apportent de la joie et un réel épanouissement. Ils sont des valeurs humaines réelles et importantes, mais ils sont en fin de compte orientés vers l'activité principale et excellente.

La distinction entre *bios* et *zôê* touche à celle qui existe entre fin intermédiaire et fin ultime.

> *Ainsi le bonheur fait partie des biens excellents et parfaits, et, semble-t-il, c'est pour cette raison qu'il est principe car c'est en vue de lui que nous faisons tous nos actes. Et nous disons*

que le principe et la cause des autres biens sont quelque chose de divin et digne d'honneur (EN 1102a1-4).

On m'a parlé dernièrement d'un homme responsable du personnel dans une grande entreprise américaine. Il voulait aider tous ceux qui dépendaient de lui à être le plus heureux possible. Il a envoyé à chacun un questionnaire demandant, entre autres, quelle était l'activité dans sa vie qui l'intéressait le plus, lui donnait le plus de vie et de joie et avait le plus de valeur pour lui. Il a aidé ensuite les membres de son personnel à découvrir que toutes les autres activités de leur vie prenaient un sens à partir de cette activité principale, et à organiser leur vie en fonction d'elle. Quand on saisit que certaines activités pénibles peuvent nous permettre de connaître une belle activité qui donne sens à toute notre vie, alors elles deviennent moins éprouvantes. Sans le savoir, cet homme utilisait la méthode d'Aristote !

Ce bonheur, s'il est dans une activité merveilleuse, est aussi fruit de toute une vie. Il est

l'activité de l'âme selon la meilleure des vertus... et il faut ajouter : dans une vie complète, car ni une hirondelle ni un seul jour ne font le printemps, de même, ni une seule journée ni un bref espace de temps ne font la félicité et le bonheur (EN 1098a18-20).

Cela permet d'élargir l'horizon. Si la vie est un accomplissement dans la durée, l'homme a du temps pour apprendre. Voilà qui peut rassurer l'homme contemporain obsédé par les actes. L'évaluation morale ne peut être complète que si elle tient compte de la vie entière.

Il ne s'agit donc pas de s'enfermer tout seul dans une tour d'ivoire, heureux comme un roi solitaire ! Il s'agit d'œuvrer avec et pour d'autres. Quand on dit que le bonheur se suffit à lui-même, on veut dire

non pas ce qui suffit à un homme vivant tout seul, mais aussi à ses parents, ses enfants, sa femme, et, d'une façon générale, ses amis et ses concitoyens, puisque l'homme, par nature, est un être politique (EN 1097b7-10).

Aristote note par ailleurs qu'il ne faut pas vivre (*bios*) à tout prix. La vie dans la durée est pour vivre (*zôê*) et vivre intensément. « Il y a certains actes qu'on ne peut pas nous obliger à accomplir, mais plutôt que de les accepter nous devrions subir les conséquences terribles du refus et accepter de mourir » (EN 1110a27). Pensait-il ici à Socrate, qui a accepté de mourir plutôt que de se soumettre à un jugement inique qui allait à l'encontre de sa conscience ?

> *Quand le magnanime s'expose aux dangers, il n'épargne pas sa vie [*bios*] car il pense que la vie [*zôê*] ne mérite pas qu'on la conserve à tout prix* (EN 1124b8).

> *Il est vrai de l'homme vertueux qu'il agit souvent en vue de ses amis et de sa patrie et, s'il le faut, donne sa vie pour eux. Il renonce aux richesses et aux honneurs [...] se procurant à lui-même le bien. Il préfère un moment court d'intense plaisir à un long mais faible plaisir, une année de vie exaltante et noble à beaucoup d'années médiocres, et une action parfaite et grande à beaucoup de petites. Et c'est ce que paraissent atteindre ceux qui sacrifient leur vie* (EN 1169a18-25).

Le bonheur, don de Dieu ou fruit du hasard et de la bonne fortune ?

Le bonheur semble avoir un côté fragile. On peut y travailler, mais certaines choses ne semblent pas dépendre complètement de nous : la bonne ou la mauvaise fortune. Ce n'est pas seulement la chance par rapport à l'argent ou aux biens. De fait, les hommes ne naissent pas égaux, ils ont des capacités, des dispositions et des dons différents ; une santé qui varie d'un individu à l'autre ; une famille et une éducation différentes. Toutes choses qui semblent conditionner le bonheur. Comment serais-je épanoui si je n'ai pas été éduqué à l'être ?

On demande aussi si le bonheur est une chose qui s'acquiert par enseignement, par habitude, ou par quelque exercice autre, ou par une providence divine, ou par la fortune. Si donc les dieux ont fait quelque don aux hommes, il est raisonnable de penser que le bonheur est un don divin surtout parce qu'il est, parmi les choses humaines, ce qu'il y a de meilleur (EN 1099b10-14).

Aristote admet que les dieux peuvent être la cause directe de notre bonne fortune, ce qui la rendrait d'ailleurs stable, mais se refuse à identifier purement et simplement le bonheur et la bonne fortune.

Il est clair que si nous voulons suivre les fortunes, nous appellerons souvent le même homme heureux, puis malheureux, faisant de l'homme heureux une sorte de « caméléon », une maison menacée de ruine. Suivre les fortunes, n'est-ce pas erroné ? Car ce n'est pas en cela que consiste le bien ou le mal. Pourtant la vie humaine a besoin de ces bonnes fortunes, comme nous l'avons dit, mais l'essentiel du bonheur est dans l'activité selon la vertu (EN 1100b4-10).

Comme le dit Marie-Dominique Philippe[1], « le bonheur en partie s'acquiert, en partie relève de la faveur divine, en partie est l'œuvre du hasard. En effet l'activité vertueuse est le fruit du labeur humain, tandis que les biens de la nature et les biens extérieurs semblent dépendre de la faveur divine et du hasard ».

Le mot bonheur, en grec *eudaimonia,* est difficile à traduire. Il est difficile de prendre un mot si chargé de signification et de le traduire par un mot français qui a subi les fluctuations de la culture. En réalité, la racine d'*eudaimonia* est *daimôn,* qui désigne à l'origine « le dieu qui nous distribue des biens ». Par transition naturelle, on est passé de « celui qui distribue les lots » aux lots eux-mêmes. L'*eudaimon* est alors celui qui a reçu une « bonne part » distribuée par la divinité. La « bonne part » pouvant renvoyer, chez Héraclite par exemple, au caractère plus qu'à des événements favorables, ou à la possession de biens matériels.

> *C'est son propre caractère qui pour chaque homme est son* daimôn (Héraclite Fr.119).

> *De l'espèce d'âme qui est la principale en nous, il convient de noter que c'est Dieu qui la*

1. M.-D. Philippe, *Introduction à la philosophie d'Aristote,* Éditions universitaires, Paris, 1991, p. 40.

donne à chacun de nous comme un daimôn (Platon/Timée 90a).

Aristote utilise peu ce mot de *daimôn*, mais reprend aux anciens cet élément de fortune indispensable au bonheur. Indispensable mais pas suffisant. On ne peut pas se reposer uniquement sur un caractère bien né, sur les talents ou une heureuse conjoncture. Il revient à l'homme de travailler son âme dans le sens de la vertu, c'est-à-dire de chercher à se développer humainement sur le plan de son caractère ou de son intelligence, le plus parfaitement possible. Si le mot *eudaimonia* est connoté de passivité à son origine, puisqu'on reçoit sa bonne ou mauvaise part, il prend peu à peu le sens d'une certaine activité : on est bon ou mauvais par sa propre responsabilité.

Pour comprendre Aristote, il faut garder présent à l'esprit le sens précis qu'il donne aux mots bonheur et malheur. Le bonheur est l'activité parfaite, le malheur découle de l'activité mauvaise. Et pour vivre une activité heureuse et épanouissante il faut avoir fait des choix clairs, pour orienter sa vie dans une direction précise, qui est de devenir pleinement humain.

Conclusion : les principes et la méthode en science morale ?

La définition du bonheur chez Aristote est claire, elle est une activité du *logos,* ou du moins qui implique l'exercice du *logos,* cette activité étant rendue parfaite par la vertu. Toute la morale découle de cette vérité. Mais comment Aristote arrive-t-il à cette vérité ?

Aristote pour réfléchir en morale s'appuie sur l'opinion des sages et sur l'opinion de l'ensemble des hommes. Pour connaître le bien de l'homme, demandons aux hommes ; ne cherchons pas dans des théories ou des idéologies, mais regardons des faits, écoutons les hommes. Surtout ceux que l'on considère comme les plus sages, les plus humains.

> *Ce qui est admis par tous, nous disons que cela est, et rejeter cette conviction n'est pas digne de foi* (EN 1172b39-1173a4).

> *Ce qui est manifeste à tous ou au plus grand nombre ne pose pas de problème ; on ne peut avoir un doute là-dessus* (Top. 104a7).

> *Sont probables les opinions qui sont acceptées par tous les hommes ou par les sages, soit par tous, soit par la plupart, soit par les plus notables, les plus illustres* (Top. 100b21-23).

Les gens vertueux inspirent davantage confiance et plus promptement sur tous les sujets en général, mais c'est surtout vrai là où on ne peut avoir de certitude objective, et où les opinions sont diverses (Rhét. 1356a5-8).

C'est pour cela qu'on trouve à toutes les pages de l'*Éthique* le mot *doxa*, qui peut être traduit par « de l'avis de tous » ou « selon l'opinion commune ». Mais attention ! L'opinion, comme le vraisemblable ou le probable, n'est pas pour Aristote synonyme du faux, comme pour certains de ses prédécesseurs. Contrairement à Socrate, qui oppose ceux qui vivent de l'opinion, « qui ne connaissent pas la vérité », à ceux « qui savent », Aristote fait place à l'opinion dans la connaissance.

Mais, évidemment, il y a « opinion » et « opinion ». Lorsque Aristote parle de l'opinion de tous, il ne se réfère pas aux sondages ni au résultat des propagandes. Il sait que la plupart des hommes suivent leurs passions et, dirions-nous aujourd'hui, ont du mal à sortir du conformisme. Aristote cherche dans le sens commun quelque chose de plus profond et pourtant partagé par tous, le bon sens. Cette opinion de l'homme ordinaire qui juge d'après son sens naturel du vrai et du faux, et non sous l'influence des passions ou des pressions de la propagande. En ce sens, l'opinion commune est un chemin vers la sagesse, surtout quand il s'agit de l'être humain. Comment retrouver cette confiance qu'avait Aristote dans l'opinion commune ? Comment discerner les véritables sages d'aujourd'hui ? Qui sont-ils, les hommes capables de jugements droits ?

Non seulement Aristote fait place à l'opinion en morale, mais il accepte de se contenter du vraisemblable. C'est un autre aspect de la méthode en morale : on ne vise pas la même rigueur qu'en arithmétique.

Voilà ce que recherche notre étude [le bien de l'homme et de la cité] qui est une forme de politique. Nous aurons suffisamment traité la question si elle possède la clarté requise par la matière de notre sujet. Il ne faut pas chercher le même degré de rigueur dans tous les raisonnements, pas plus qu'on ne l'exige des objets manufacturés (EN 1094b10-14).

On doit donc se contenter, en traitant pareil sujet [la morale] et partant de pareilles prémisses, de montrer la vérité d'une façon large et schématique, et en parlant de choses et de prémisses qui ne sont vraies que la plupart du temps, les conclusions seront de la même sorte. C'est de cette manière que doit être reçue chacune de nos assertions. L'homme éduqué, en effet, ne recherche en chaque matière que la certitude que cette matière comporte naturellement. Il est évidemment déraisonnable d'accepter d'un mathématicien des raisonnements proba-

bles et d'exiger d'un rhéteur des démonstrations (EN 1094b19-28).

Pourquoi cette méthode particulière qui s'appuie sur l'opinion et le vraisemblable ? C'est parce que la morale est une science pratique dont le but est l'action dans le concret des situations particulières. Elle vise le contingent. Faut-il agir comme ceci ou comme cela dans cette situation présente ? Cela demande du discernement. L'opinion ou le vraisemblable n'engendrent pas le doute, mais une conviction qui va être à l'origine d'un choix délibéré. Cette conviction se loge dans ce que nous appelons aujourd'hui la *conscience.* Certes, cette conscience doit être formée par l'opinion des sages et par la science morale. C'est seulement alors qu'elle est une conviction droite.

Mais si l'opinion de tous ou des sages est importante, elle doit toujours se soumettre aux faits.

> *Ces arguments et théories des sages entraînent quelque conviction, mais la vérité pratique se juge d'après les faits et la vie : ce sont eux le principal. Nous devons dès lors examiner nos assertions précédentes en les confrontant avec les faits et la vie ; si elles s'harmonisent avec les faits, il faut les accepter, si elles sont en désaccord avec les faits, il faut les considérer comme simples théories* (EN 1179a17-22).

Comme dit Jacques Maritain[1], qui a lu Aristote de près : « L'expérience des hommes joue un rôle fondamental dans son éthique. Il y recourt constamment. Le comportement de l'homme prudent, l'opinion des vieillards et leur expérience de la vie, les coutumes de la cité sont pour lui, et au regard de l'édification même de la philosophie morale, des données indispensables. Mais il se sert de toute cette expérience humaine pour dégager par induction les principes rationnels dont elle est prégnante. De là, la part considérable qu'il accorde aux informations empiriques et les descriptions psychologiques abondantes et touffues qu'on trouve en maints chapitres de l'*Éthique à Nicomaque* et de l'*Éthique à Eudème.* »

Avec Aristote, nous nous trouvons donc devant une morale profondément humaine. Pour connaître et vivre cette morale, il ne s'agit pas de créer une nouvelle morale, de briller intellectuellement, mais de se mettre humblement à l'école de l'humain, d'interroger les hommes de son temps, des temps passés, les plus sages, qui ont le mieux réalisé leur humanité.

1. J. Maritain, *La Philosophie morale*, Gallimard, Paris, 1960, p. 59.

2

Le plaisir et l'amitié, saveurs de la vie

Continuons à cheminer avec Aristote et à explorer sa perception de la plénitude humaine et des moyens de l'atteindre. Aristote est loin du légalisme : toute sa réflexion morale est centrée sur l'homme et son désir du bien. Un désir qui traverse toutes les puissances de l'homme, des plus charnelles aux plus spirituelles. La chair désire son bien, comme l'esprit désire le sien. Il ne s'agit pas de jouer une puissance contre l'autre, mais de les faire concourir au bonheur de l'homme tout entier, sous la conduite du *logos*.

Car l'intelligence, la raison (*logos*), est là pour nous éclairer et non pour nous tyranniser. Pour faire la lumière sur le bien, et par là nous attirer davantage à lui. Pour le dire encore autrement, la morale d'Aristote n'est pas froidement rationnelle, elle est humaine. Deux indices le montrent : la manière dont Aristote parle du plaisir et ses propos sur l'amitié.

I. Le plaisir

Aristote ne fait pas l'économie du plaisir dans sa morale. Ni celle du corps ou de l'affectivité. D'emblée, s'appuyant sur l'opinion commune qui « entrelace étroitement le plaisir au bonheur » (EN 1153b15), il donne une juste place au plaisir dans la recherche du bonheur. Une juste place, c'est-à-dire toute sa place et rien que sa place – la seule manière de le garantir, nous y reviendrons.

Le bonheur ne va pas sans le plaisir

> *La plupart des hommes disent que le bonheur ne va pas sans le plaisir. C'est pour cela que l'homme bienheureux est désigné par un nom dérivé de se réjouir* (EN 1152b8).

Le rapprochement des termes *makarios* (bienheureux) et *kairein* (se réjouir) est semble-t-il peu convaincant pour les hellénistes avertis. Cependant, Aristote veut encore une fois montrer que l'opinion est l'indice de quelque chose de vrai : bonheur et plaisir vont ensemble. Quel serait en effet un bonheur qui n'aurait aucun retentissement en nous ? Les dieux eux-mêmes n'éprouvent-ils pas le plaisir comme le versant subjectif de leur état de *bienheureux* ?

Bonheur et plaisir sont liés au point que les choses faites sans plaisir n'ont pas toute leur valeur. Elles ne sont pas *achevées*, dit Aristote, elles n'ont pas atteint leur plénitude.

> *Toute activité trouve son achèvement par le plaisir* (EN 1175a20).
>
> *Le plaisir apporte un accomplissement à la vie* (EN 1175a17).

Voilà qui est clair : pas de plénitude morale sans délectation ! Loin de gâter la profondeur morale ou humaine des actes, le plaisir l'augmente. C'est dire combien le souci de pureté qui caractérise les morales issues du jansénisme, par exemple, n'effleure absolument pas l'homme équilibré qu'est Aristote. « L'insensibilité n'a rien d'humain », dit-il dans son chapitre sur la tempérance. Une remarque qui pourrait passer pour banale dans un autre contexte. Dans la perspective d'une morale qui vise à être entièrement humaine, elle signifie que l'insensible ne peut être vertueux, ni pleinement moral, pour reprendre les termes des modernes.

> *Celui qui n'éprouve aucun plaisir dans la pratique des bonnes actions n'est pas un homme vraiment bon. De la même façon on*

n'appellera pas un homme « juste » s'il ne prend pas du plaisir en faisant des actes justes (EN 1099a17).

Aristote souligne ici quelque chose de profondément humain que la psychiatrie et la psychologie des profondeurs mettent aujourd'hui en évidence : peu de nos comportements échappent à la recherche du plaisir. Même la recherche de la pureté morale. La satisfaction d'être vertueux, de se maîtriser enfin, ou moins subtilement d'être mieux que les autres, est une forme de plaisir. C'est là une loi du psychisme humain. Aristote, en son temps et en ses propres termes, l'a observé, et n'a pas eu peur d'intégrer le plaisir à la démarche morale.

Si le plaisir n'entache pas la morale, il ne s'ajoute pas non plus au bonheur comme un postiche. Il ne saupoudre pas artificiellement l'acte moral pour lui garantir une certaine saveur. Bonheur et plaisir sont intrinsèquement liés. Le plaisir touche directement la qualité de l'activité, de cette activité vitale qui est le cœur du bonheur.

La vie des hommes vraiment bons n'a pas besoin que le plaisir vienne s'y ajouter comme un surcroît ou un ornement, mais elle a son plaisir en elle-même (EN 1099a15).

À ce stade, on pourrait croire qu'Aristote est tout simplement un hédoniste et qu'il identifie le bonheur à l'expérience de la jouissance. Il n'en est rien, bien sûr. Sa pensée est plus fine que cela. Aristote ne confond aucunement la vie heureuse et la vie de jouissance.

*L'*être *du plaisir*

Il nous faut donc mieux cerner la nature du plaisir par rapport au bonheur. Quel est l'*être* du plaisir ? La question est posée au livre 10 de l'*Éthique à Nicomaque,* dans un des passages les plus originaux proposé par Aristote. Nous touchons là au cœur de la réflexion philosophique.

Que savons-nous du plaisir ? Qu'il est lié à l'activité. Comme elle, il se savoure au présent.

> *Le plaisir se trouve dans l'activité du présent, dans l'attente d'un plaisir futur, et dans le souvenir d'un plaisir passé, mais le plus plaisant et le plus désiré est dans l'activité du présent* (EN 1168a13).

Quel est donc le statut du plaisir par rapport à l'activité ? Une phrase déjà citée nous l'indique : « Le plaisir est un achèvement de l'activité, il la couronne et la rend plus parfaite. »

Pour saisir le sens de cette phrase, assurons-nous que nous comprenons ce qu'Aristote entend par *activité*. Pour cela, redonnons quelques notions de sa philosophie de la connaissance. Prenons l'exemple de la connaissance d'ordre sensible, la sensation.

La sensation, acte du sens, s'organise autour de deux pôles. D'un côté, le sujet percevant avec ses sens (la vue, l'ouïe, le toucher, le goût, l'odorat…), tout ouvert aux objets sensibles, dans une attitude d'attente et de désir ; de l'autre, l'objet – la couleur, le son, le chaud ou le froid, les odeurs, le sucré et le salé… La sensation est « l'acte commun du sensible et du sentant ». Ni le sensible ou l'objet seul, ni le sentant ou le sujet seul ne font la sensation. Le sujet seul reste sans vie, l'objet seul demeure insensible. Au contraire, la mise en présence de l'un et de l'autre permet à l'objet d'éveiller le sujet, de l'actualiser, et produit la sensation. Si tout marche bien, précise Aristote !

Cette musique qu'on aime, on peut l'entendre sans délectation si l'on est morose ou fatigué, et surtout si notre organe auditif est déficient. La capacité de recevoir est alors diminuée. Ou bien, au contraire, les musiciens sont mauvais, ils nous écorchent les oreilles… le défaut est dans l'objet. La sensation existe, mais sans se vivre dans la plénitude.

Au contraire, l'activité est parfaite, et donc plaisante, quand les deux protagonistes sont dans la meilleure forme possible. Quand mon oreille, mon intelligence, ma vue ne sont pas encore diminuées. Et quand l'objet est le meilleur qui soit : un piètre philosophe m'enthousiasmera moins qu'un Socrate, et le contralto confirmé plus que le débutant.

Pour le dire autrement : dans ce cas, ni le sujet ni l'objet ne font obstacle à la plénitude de l'acte. C'est pourquoi Aristote parle indifféremment d'une activité *non entravée* (formulation plus primitive de la pensée d'Aristote sur le plaisir) ou d'une activité *parfaite* (formulation plus élaborée). L'expérience de la découverte nous donne une idée de cette rencontre heureuse entre l'objet et le sujet. En effet, un objet nouveau nous apparaît toujours fascinant à découvrir, la sensibilité n'est pas encore fatiguée de lui. De part et d'autre, les choses sont dans un état de fraîcheur qui rend la rencontre intense. Le plaisir est maximal.

Chaque sens s'exerce par rapport à son objet sensible, et cette activité est parfaite quand le sens est bien disposé et s'exerce par rapport au meilleur des objets qui tombent sous lui, car telle est surtout, selon l'opinion générale, l'activité parfaite. Peu importe que l'on dise que c'est le sens lui-même qui agit, ou le sujet dans lequel il se trouve. Donc, pour chaque sens, l'activité la meilleure est celle où le sens le mieux disposé s'exerce envers le meilleur de ses objets. Cette activité sera la plus parfaite comme aussi la plus plaisante. Car, pour chaque sens, il existe un plaisir. Il en est de même pour la pensée et la connaissance spéculative, et leur activité la plus parfaite est celle qui est la plus plaisante – l'activité la plus parfaite étant celle de ce qui est bien disposé s'exerçant par rapport au plus excellent de ses objets (EN 1174b14-23).

« L'activité la plus parfaite est celle qui est la plus plaisante. » C'est dire que le plaisir naît ou jaillit de la perfection de l'activité. Il en est comme l'épanouissement, la dilatation, le rayonnement. Pas besoin dans ce cas d'ajouter un piment supplémentaire à l'activité. Elle se suffit à elle-même. Comme au théâtre quand on n'a pas besoin de manger des cacahouètes.

C'est pourquoi, quand nous éprouvons une joie intense dans n'importe quelle activité nous ne faisons rien d'autre, et nous ne faisons autre chose que lorsque l'occupation présente ne nous plaît que médiocrement, comme, au théâtre, ceux qui mangent des friandises le font quand les acteurs sont mauvais (EN 1175b10-14).

À chaque activité correspond donc un plaisir maximal lié à la perfection de l'acte. Ce qui n'empêche pas Aristote de hiérarchiser les plaisirs en fonction de l'*objet* poursuivi. Plus celui-ci est noble, plus le plaisir est grand. Faire exister la justice par exemple procure plus de plaisir et de joie que savourer une douceur. C'est l'objet qui définit l'acte et par conséquent la noblesse du plaisir.

Aristote distingue alors les sources du plaisir.

> *Il y en a qui sont nécessaires et qui se situent par rapport au corps : la nourriture, l'activité sexuelle... d'autres qui sont dignes de choix : la victoire, l'honneur, les richesses, de même que d'autres choses qui sont bonnes et plaisantes* (EN 1147b24-30).

Certes, nous le verrons au chapitre 5, tous les plaisirs ne sont pas moralement bons. On peut désirer la nourriture, le vin et les relations sexuelles à l'excès, comme on peut désirer les richesses et l'honneur à l'excès (EN 1154a13-18).

Nous voyons par conséquent à quel point la morale d'Aristote n'est pas seulement une morale du *désir*, mais une morale qui intègre le *plaisir*. Désir et plaisir sont intimement liés. Le plaisir jaillit du désir rassasié, un désir qui a atteint son objet ou son bien. L'homme, être de désir, est donc orienté ou fait pour le plaisir – et le plaisir maximal. Le but de la morale d'Aristote est d'aider l'être humain à choisir l'activité qui va lui procurer le plus grand plaisir ou la joie la plus grande, et donc à être le plus heureux possible en se séparant des activités qui lui procurent des plaisirs plus superficiels, plus temporaires et qui l'empêchent de cheminer vers les activités et les plaisirs les meilleurs.

Mais nous verrons plus loin, dans le chapitre sur les vertus, que cela n'est pas aussi simple qu'il peut y paraître à première vue. En effet, les plaisirs plus bas, plus immédiats, plus faciles peuvent séduire une personne et envahir son champ de conscience au point de l'empêcher de s'orienter vers les plaisirs plus nobles, plus grands, plus extatiques. Comme pour l'homme de la montagne, il s'agit parfois de prendre un chemin aride, difficile, pour atteindre les joies du sommet et sa vue sublime. Le bonheur se conquiert aussi au prix de luttes.

Mais dans tous les cas le plaisir résulte à la fois de l'activité parfaite et rejaillit à son tour en perfection sur l'acte, puisque au bout du compte on vit les choses plus intensément.

Le plaisir perfectionne une activité mais d'une autre façon que ne le font l'objet sensible et le sens : comme la santé et le médecin ne sont pas de la même manière cause de la guérison. [...] Le plaisir perfectionne l'activité, non

> *comme une qualité immanente au sujet, mais comme une sorte de fin surajoutée, de même que la beauté se surajoute à la fleur de la jeunesse* (EN 1174b23-25 et b32-34).

Disons que le plaisir parachève ou couronne l'acte, comme la maturité couronne le fruit. Et comme le fruit mûr est séduisant à voir et sollicite l'appétit, le plaisir augmente la bonté de l'acte et ravive le désir. Même le plaisir résultant de l'activité donne goût à la vie ; il donne conscience d'exister ; il devient alors le plaisir d'exister. Il ne faut cependant pas se tromper : le plaisir n'est pas la fin, qui est l'acte lui-même, mais il est donné quand la fin est atteinte avec plénitude, comme une fin de surcroît ou une fin conséquente. Il est donné gratuitement. Dès qu'on veut le saisir pour lui seul, ou mettre la main dessus, il s'évanouit… ou nous enchaîne. Car, au moment où je me détourne de l'objet, afin de goûter le seul plaisir, je perds de vue l'objet. De ce fait même, l'activité, union de l'objet et du sujet, devient moins intense et le plaisir aussi. La seule façon de récupérer celui-ci est de trouver des objets de plus en plus excitants. Cela semble vrai aussi des plaisirs de l'amour. À force de rechercher le plaisir sans amour vrai de la personne, on se lasse même du plaisir, et on éprouve le besoin de changer de partenaire. En aimant le plaisir sans aimer la personne, c'est le plaisir lui-même qui s'évanouit.

C'est ici que l'analyse d'Aristote tranche radicalement avec la culture contemporaine, mais aussi avec d'autres analyses qui auront cours chez les Grecs. Je pense en particulier à celle d'Épicure, qui arrive vingt ans après Aristote.

La philosophie du plaisir chez Épicure est à comprendre sur fond de pessimisme. Pessimisme du désir surtout. Pour Épicure, le désir est source de tourments, à cause de l'inquiétude qui fait son fond. La tâche de la philosophie, qui se veut une médecine de l'âme, est de résoudre cet envahissement du désir. D'abord en limitant ses désirs. D'où cette distinction célèbre de la philosophie du Jardin entre *désirs naturels* et *désirs vains*, puis dans les désirs naturels entre ceux qui sont *absolument nécessaires* et les autres. Seuls les *naturels nécessaires* sont à satisfaire toujours, les *naturels non nécessaires* quelquefois seulement. Et de toute façon ce désir maîtrisé ne pourra s'éteindre et se résoudre que par le plaisir qui est son terme et sa fin. Comprenons bien. Ce qu'Épicure nomme plaisir est le *repos* qui suit l'apaisement du désir. Aussi, quand il affirme à plusieurs reprises que « le plaisir est principe et fin de la vie bienheureuse », il n'invite pas à la débauche. Il signifie que l'âme a atteint son but quand elle est en repos. Car plaisir et repos sont une même chose. Là est la différence radicale avec Aristote, qui encore une fois situe le plaisir dans l'activité. Distinctions de philosophes ? Ou plutôt, nous semble-t-il, divergences profondes quant à l'attitude à prendre devant la vie. Une chose est de chercher le bonheur dans l'activité vitale exaltante et extatique, comme le préconise Aristote, une autre chose est de concevoir la félicité comme une absence de troubles, ou *ataraxie*, à la façon d'Épicure. On n'a pas manqué de comparer cette doctrine de l'ataraxie à la sagesse bouddhiste : elle ne lui ressemble que de loin. Car la sérénité que cherche Épicure n'est pas le *nirvâna*, et l'idée d'un renoncement à *l'illusion du Soi* que l'on trouve dans la sagesse orientale reste étrangère à l'âme grecque[1].

Si Épicure prend le plaisir comme fin, il n'invite jamais à la surconsommation, à la différence de notre culture contemporaine. Après une période de refoulement, nous avons, en effet, assisté à un retour en force de la revendication du plaisir. Juste retour du balancier mais qui semble nous emmener beaucoup

1. Cf. A.-J. Festugière, *Épicure et ses dieux*, PUF, Paris, 1997.

plus loin que nous ne le voudrions. La recherche tous azimuts du plaisir fait des dégâts. Là encore, la pensée d'Aristote est pertinente pour notre époque.

La culture du plaisir dans le monde moderne et chez Aristote

Sous sa forme la plus commune, l'homme utilise le plaisir comme *détente*, comme remède au stress. Telle une bouffée d'air, le plaisir marque une respiration dans une vie mangée par les tensions et les soucis. L'être humain qui peine a besoin de pauses. Aristote appelle cela les *plaisirs curatifs*.

> *Les grandes peines poussent les hommes à rechercher, comme remède, des plaisirs excessifs, et, d'une manière générale, les plaisirs corporels. Et ces plaisirs curatifs deviennent intenses car ils apparaissent en contraste avec la peine opposée* (EN 1154a30).

Une certaine culture esthétique développe le plaisir sous une autre forme assez raffinée, qui suppose une maîtrise de la sensibilité pour jouir davantage. Ce modèle a été superbement décrit par Oscar Wilde dans *Le Portrait de Dorian Gray*. Il s'agit de « guérir l'âme par les sens », comme l'explique Lord Henry à Dorian, mais tout en restant maître de la situation. Tout est permis : plaisirs des arts, de l'amour, etc., mais sans tomber dans la bestialité. L'homme raffiné apprend à différer le plaisir, pour une plus grande jouissance.

Sous un autre aspect, tout le monde cherche le plaisir comme moyen de fuir les côtés pénibles de notre existence. On ne supporte pas les conflits, la solitude, les difficultés de la vie, surtout celles de la vie relationnelle. On y remédie par un plaisir immédiat qui, gratifiant l'affectivité, la sort pour un moment de la tristesse. Nous consommons un nombre incalculable de ces plaisirs-là, souvent des plaisirs corporels, ou susceptibles de retentir tout de suite sur l'affectivité : gratifications de l'ordre de la nourriture, de l'avoir, des relations. Par exemple, ces amitiés de passage qui durent le temps où l'on est bien ensemble et qu'on laisse tomber dès qu'elles nous lassent. Plaisir immédiat donc, et peu durable, sauf si on le pousse à l'excès comme dans le cas de la drogue.

La consommation de drogue s'ancre dans cette attitude d'évasion poussée à l'extrême à l'égard du réel. La « défonce » est d'ailleurs souvent racontée en termes de voyages. Il y a de bons et de mauvais voyages, ceux dont on ne revient pas : *bad trip !* L'être pris dans la drogue refuse de combattre ou d'affronter le réel, qui est trop morne ou trop douloureux. Le contact avec ce réel provoque trop d'angoisse et éveille un sentiment d'impuissance. Mais par les substances chimiques, celui qui se drogue se procure des émotions fortes qui lui donnent le sentiment d'exister, comme en témoignent les propos de ce jeune, Loïc, dix-sept ans, interrogé par le quotidien *Libération*[1] : « Moi, j'aime bien être foncedé [défoncé], pour être bien… Tu danses toute la nuit, comme un fou, tu es la musique, ça adhère. Si tu fumes tu es zen, mais l'énergie n'est pas là, ton corps ne suit pas. Maintenant tout le monde prend des trucs de plus en plus vite. Tu vas en teuf [fête], tu prends un trip, il n'y a aucune précaution, un cachet d'un coup. Tu te tapes une putain de défonce pour pas cher… L'X [l'ecstasy], la défonce, les raves, quand tu pars dans ce monde-là, tu as envie d'y rester, c'est puissant, c'est un rassemblement de jeunes, personne ne te prend la tête, on se défonce, on s'aide. Rien que d'être entre jeunes, c'est dément. Pendant un an et demi je n'ai pris que de l'X. Je suis tombé trop vite dans le piège. Après l'X tu as envie de goûter la cocaïne, c'est tellement bon quand ça se passe

1. *Libération* du 17 juin 1998 : « Le verdict des experts sur les drogues. Ecstasy : accusé ; cannabis : acquitté. »

bien. J'ai un frère jumeau qui est en terminale. On ne vit pas dans le même monde. »

Les Grecs n'avaient pas à leur disposition des substances comme l'ecstasy ou l'héroïne, mais ils étaient capables d'orgies assez monstrueuses liant les excès de table et de boissons à la sexualité. Aristote connaissait bien l'acharnement que l'homme peut déployer contre lui-même dans la recherche du plaisir. En son temps il remarquait déjà :

Les gens semblent concevoir le bien et le bonheur d'après la vie qu'ils mènent. La foule et les gens les plus vulgaires disent que c'est le plaisir : c'est la raison pour laquelle ils cherchent une vie de plaisir. [...] La foule se montre véritablement d'une bassesse d'esclave en optant pour une vie d'animaux qui passent leur temps à brouter. Mais elle trouve son excuse dans le fait que beaucoup de ceux qui exercent le pouvoir ont les mêmes goûts qu'un Sardanapale[1] (EN 1095b15-23).

Il notait aussi que les plaisirs du corps prennent souvent le pas sur les autres plus élevés, ceux de l'âme ou de l'esprit.

Les plaisirs corporels ont pris le nom de plaisir, parce que les gens, la plupart du temps, les

1. Roi perse qui menait, dit-on, une vie de débauche.

cherchent et tous en vivent ; et puisqu'ils sont les seuls que ces gens connaissent, ils pensent que ce sont les seuls qui existent (EN 1153b34-35).

La drogue est l'exemple parfait du plaisir corporel porté à son paroxysme. Elle se situe dans la logique d'une frénésie autour du boire et du manger, qui finit par ignorer les autres formes de plaisir. Le jeune Loïc laisse entendre qu'il ne connaît pas le plaisir de l'étude : « J'ai un frère jumeau qui est en terminale. On ne vit pas dans le même monde. »

Aussi cette expérience est-elle trop réductrice pour être vraiment le bonheur. Elle nous entraîne dans la répétition de la consommation et nous prive de liberté. L'homme vraiment heureux au contraire est créatif et libre. Son expérience du plaisir n'est pas de même nature. Elle jaillit d'une perfection humaine et non d'un artifice chimique. Elle est plus durable, plus fine. Socrate savait goûter les plaisirs de la table autant et peut-être même mieux que les plus habitués, et pourtant il savait jeûner et ne perdait pas la maîtrise de lui-même. La « défonce », au contraire, se vit comme une évasion à l'égard de soi-même et le plaisir qui l'accompagne comme une échappatoire au réel. La vie est trop dure, l'isolement insupportable, l'effort hors de portée, donc on fuit. Cette fuite peut aboutir à une forme de suicide. Rien à voir avec l'expérience d'un plaisir qui naît de la rencontre avec la réalité, de l'harmonie avec elle.

Au fond, le piège dans lequel Loïc est tombé est celui d'avoir pris la recherche du plaisir comme une fin. Mais, à force d'avoir poursuivi le plaisir, c'est ce dernier qui l'enchaîne et le tient. La marge qui lui reste est étroite : éviter de prendre deux cachets au lieu d'un pour ne pas « rester collé » (ne jamais redescendre), comme un de ses amis devenu handicapé.

Un autre courant de notre culture lie plus radicalement encore l'expérience du plaisir à celle de la toute-puissance. Rien de mieux pour éprouver ma propre puissance que de transgresser les interdits. Alors je me sens plus fort que la loi, plus fort que Dieu. Jean-Claude Guillebaud a montré dans son livre *La Tyrannie du plaisir*[1] comment Mai 68 a développé cette culture du plaisir lié à la transgression. De *jouir sans entrave* à *transgresser pour jouir* il y a un enchaînement logique. D'où toutes sortes de transgressions : dans l'hétérosexualité, l'homosexualité et l'inceste.

La révolution sexuelle accomplie, il fallait trouver d'autres lieux de transgression. Aujourd'hui, c'est plutôt le phénomène de

1. J.-C. Guillebaud, *La Tyrannie du plaisir*, Seuil, Paris, 1998.

casse qui est à la mode. Avec un désir de transgression de plus en plus radicale, jusqu'au meurtre. Une jouissance totale dans une violence maximale, comme le montre le triste modèle des hooligans. L'un d'eux, un Anglais, le raconte clairement dans un ouvrage publié récemment, un roman qui voile à peine les expériences réellement vécues[1] : « Nous approchons le stade. Je suis complètement éclaté intérieurement. L'excitation est toujours là, je sens tout mon corps qui vibre, ça semble bizarre, mais c'est vrai. C'est encore mieux que de baiser une gonzesse ou de rouler à fond les manettes... Déjà on entend le murmure de la foule à l'intérieur et le chant de Chelsea, repris sans arrêt, ça, c'est la vie... Je me retrouve avec un bloc de ciment armé dans la main, le morceau de fer dépasse en plein milieu, et nous voilà en train de courir dans la rue et j'entends cela, un son unique, cette vibration qui vient de quelque part au fond de toi, à l'intérieur quand tu mets la pression. » Plus loin, on le voit s'acharner sur un homme qui finit par mourir sous les coups. Et il passe à autre chose... Comme le jeune Loïc, il est à la recherche de l'émotion forte, qu'il appelle

1. *Football Factory*, Éditions Alpha, cité par *Le Nouvel Observateur*, 25 juin-1er juillet 1998.

vibration, et même *vie*. Il aime la violence jusqu'à la folie du crime pour la sensation qu'elle donne. Lui aussi fait de la recherche de la jouissance une fin.

Cette passion du plaisir, qui marque une grande partie de notre culture contemporaine, me paraît à la fois une limite et un atout.

D'un côté, cette dérive de notre culture vers la recherche du plaisir comme fin me paraît être une impasse. Pour l'expérience même du plaisir. La répétition dans la consommation tue le plaisir. Elle ne respecte pas le temps du désir. Au contraire, l'homme capable de goûter le plaisir est celui qui *sait* désirer. Désir et raison ne s'opposent pas, au contraire. Plus je sais discerner entre les plaisirs, plus mon désir s'aiguise. On n'a jamais fait aussi peu de cas du désir qu'aujourd'hui. Comme si toute une génération avait perdu l'appétit ! Parce que la recherche du plaisir comme unique fin se termine en désintérêt pour l'objet. « Peu importe que ce soit la cocaïne ou l'ecstasy pourvu que j'aie l'ivresse », se dit le jeune drogué ! Le désir est au contraire ouverture à l'objet. Autant le plaisir est fusionnel, autant le désir est orienté vers l'objet. C'est donc une culture du désir qu'il faut restaurer. Pour être rendu à la vie.

D'un autre côté, l'atout se situe sur le plan de l'éducation. Aujourd'hui, il est difficile de se fonder uniquement sur la loi pour éduquer, mais on peut partir du plaisir. Le plaisir est un indice de ce qui réjouit et attire, d'une convenance profonde entre l'objet et le sujet. Avec des adultes ayant un handicap mental, comme ceux que nous accueillons à l'Arche, où je vis depuis plus de trente ans, on ne peut pas commencer par la loi. Mais si on cherche ce qui leur plaît, la musique, une marche dans les bois, un objet à découvrir, on peut éveiller un désir. Plus tard, on pourra aider la personne à se structurer avec des lois. Ce qui est vrai de la personne avec un handicap mental, même profond, est vrai aussi de l'enfant et de chacun de nous. Même quand je me situe *hors de la vertu,* j'éprouve du plaisir s'il existe une adéquation entre ce que je suis et l'objet. Comme il y a adéquation, je le désire : c'est mon bien. Et quand je le trouve je m'épanouis, je nage dans le plaisir. Il n'y a pas d'éducation si on ne voit pas le lieu du plaisir. Mais le plaisir ne peut jouer ce rôle éducatif que s'il est accompagné de structures et de lois. Il ne s'agit pas de flatter l'enfant ou l'adolescent dans le sens de ses envies. Mais de comprendre ce qui l'attire et sa manière de fonctionner, et de le conduire à quelque chose de plus profond, vers d'autres expériences du plaisir. Imaginons un jeune déstructuré intérieurement, mais qui trouve beaucoup de plaisir dans la musique. Peut-être peut-on lui proposer d'apprendre la guitare, et si cela lui plaît, de prendre des cours. Motivé, il peut alors avancer, devenir discipliné, tendu vers son but : être capable de bien jouer. Le plaisir le conduit, à travers une certaine structuration de son être, vers un plus grand plaisir de jouer, d'être applaudi pour sa réussite.

Encore une fois, pour Aristote, le plaisir est spécifié par l'activité, elle-même déterminée par son objet. Il n'y a pas d'un côté le plaisir égoïste et charnel et de l'autre la joie spirituelle et altruiste. Toute activité, noble ou pas, est accompagnée de plaisir. Le terme est le même, *hêdonê*, pour le plaisir de l'étude ou le plaisir du boire et du manger. Il y a autant de formes de plaisir qu'il y a de genres d'activités. C'est la valeur de l'objet poursuivi qui fait l'intensité et la profondeur du plaisir.

En nous disant que le plaisir n'est pas la fin, mais le fruit de l'activité, Aristote nous éclaire. Aujourd'hui on veut l'extase, on veut l'épanouissement, on veut le plaisir, sans l'objet qui convient à notre humanité. Aristote nous aide ici à réhabiliter et le désir et le plaisir. On ne peut pas couper le plaisir de son fondement, l'activité vitale, qui suppose une convenance entre le sujet et son objet.

II. L'amitié

L'amitié constitue l'autre pôle de la morale profondément humaine proposée par Aristote. En effet, sans qu'Aristote le dise explicitement, on peut voir un lien entre l'amitié et le plaisir. Ce dernier n'est pas voulu pour lui-même, il est une fin de surcroît, un fruit de l'activité. L'amitié est aussi un fruit, celui de la vertu. Elle rend la vie vertueuse particulièrement agréable.

L'amitié est à la fois ce qu'il y a de plus nécessaire pour vivre et ce qu'il y a de plus grand en l'homme : « La plus haute expression de la justice est de la nature de l'amitié » (EN 1155a27).

Cicéron, qui a lu Aristote, a une très belle métaphore : « Enlever l'amitié de la vie, c'est enlever le soleil du monde[1]. » Une idée chère à l'*Éthique à Nicomaque* : « Sans amis, personne ne choisirait de vivre » (EN 1155a3).

1. Cicéron, *Dialogue sur l'amitié*.

N'est-il pas absurde de faire de l'homme heureux un solitaire ? Jamais personne ne choisira de posséder pour lui seul tous les biens ; en effet, l'homme est fait par nature pour faire partie d'une société politique et pour vivre avec d'autres (EN 1169b17-19).

Dans la pauvreté comme dans d'autres infortunes, les hommes croient que les amis sont l'unique refuge. Les jeunes gens ont besoin d'amitié pour les empêcher de s'égarer; les vieillards, pour les soins dont ils ont besoin et pour soutenir leurs activités défaillantes ; ceux enfin qui sont en pleine activité en ont besoin pour bien agir : quand deux vont ensemble, ils sont davantage capables de réfléchir et d'agir (EN 1155a11-16).

Aristote pousse assez loin la définition de l'amitié : il s'agit de partage, de vie ensemble, de communion. « L'ami est un autre soi-même » (EN 1166a31). C'est pourquoi dans l'amitié on « partage les joies et les peines » (EN 1171a5), et Aristote cite avec respect les opinions de ceux qui disent que l'amitié consiste dans une vie commune avec l'ami, dans des choix communs, ou dans le partage des mêmes peines et des mêmes joies. Et il cite à l'appui des proverbes : « Les amis n'ont qu'une âme, ce qu'ils possèdent leur est commun ; l'amitié, c'est l'égalité » (EN 1168b8).

La justice nous ouvre au respect de l'autre. L'amitié va plus loin. Elle seule nous pousse aussi radicalement hors de nous-même. Jusqu'à présent, en effet, nous avons parlé du bonheur comme d'une activité du sujet en solitaire. Dans une attitude d'ouverture au monde bien sûr, mais qui laisse le sujet seul responsable et bénéficiaire de sa propre perfection. Avec l'amitié, nous voyons s'ouvrir une autre dimension qui apporte un nouvel élan au bonheur.

Pourtant, nous faisons tous l'expérience de l'échec en amitié, comme si elle avait du mal à trouver le chemin de notre cœur. Aristote y a réfléchi très finement. D'où vient que nous sommes parfois déçus par nos amis ? Que certaines de nos amitiés ne passent pas l'épreuve du temps ? Comment savoir si le lien qui m'unit à mon ami est vraiment solide et authentique ? Toutes ces interrogations l'ont conduit à distinguer plusieurs formes d'amitié. Toutes ne sont pas authentiques.

Au commencement de l'amitié : la bienveillance

L'amitié se situe dans la ligne de la *bienveillance,* dit Aristote d'emblée. À la différence du simple *attachement* qui peut tout aussi bien concerner les objets, la bienveillance s'adresse aux autres êtres humains. Quelque chose s'éveille en nous à l'égard de quelqu'un d'autre. Une sorte d'intérêt. Pourquoi ? Parce que nous avons vu en lui une « certaine excellence ». Ce peut être assez superficiel, comme lorsque nous prenons parti pour un sportif. Il nous semble le meilleur et nous souhaitons qu'il remporte l'épreuve. Ce peut être plus profond. Quand nous avons vu quelque chose de précieux chez l'autre, sa beauté intérieure, pourrait-on dire. Montaigne parle ainsi de sa rencontre avec La Boétie comme d'un « attrait intérieur d'un être à un être, d'une âme à une âme ».

> *D'une façon générale, la bienveillance est suscitée par une certaine excellence ou valeur humaine : quand, par exemple, quelqu'un apparaît bon, courageux ou quelque chose de semblable, ou comme dans le cas des athlètes* (EN 1167a18-20).

L'attirance au fondement de la bienveillance ne se confond pas avec celle de l'amour, ni avec une attirance du cœur ; ni avec un désir de combler sa solitude ou le vide. C'est un attrait qui repose sur la *vertu*, j'ai vu l'excellence de l'autre et je lui souhaite du bien, comme le dit l'étymologie latine *benevolentia*, de *bene-volo* : vouloir le bien. Mais je ne suis pas encore prêt à m'engager vis-à-vis de lui.

La bienveillance n'est pas [...] une affection réelle. Car elle manque d'intensité et de désir, tous deux impliqués dans les affections. Celles-ci impliquent aussi une fréquentation habituelle. La bienveillance, par contre, naît subitement, comme il arrive d'en éprouver pour des athlètes : nous devenons bienveillants à leur égard, nous participons à leurs désirs, mais nous ne ferions rien pour eux (EN 1166b33-67a3).

La bienveillance semble être à l'origine de l'amitié, de la même façon que le plaisir causé par la vue de l'être aimé est à l'origine de la passion d'amour. [...] Ainsi on ne peut être amis sans avoir éprouvé d'abord de la bienveillance l'un pour l'autre. [...] La bienveillance est donc une amitié « inactive », mais quand elle dure et que les deux se sont habitués à être ensemble, elle devient amitié (EN 1167a3-14).

Pour devenir une amitié, la bienveillance doit être *réciproque* et *déclarée*.

La bienveillance lorsqu'elle est réciproque constitue l'amitié. Et ne faut-il pas ajouter bienveillance ne demeurant pas cachée ? Beaucoup de gens ont de la bienveillance pour d'autres qu'ils n'ont jamais vus, les jugeant honnêtes ou utiles, et l'un de ces derniers peut, en retour, avoir le même sentiment à l'égard de l'un des premiers. Il y a ici manifestement de la bienveillance mutuelle ; mais comment appeler ces deux personnes amies si les sentiments qu'elles ont l'une par rapport à l'autre restent ignorés ? (EN 1155b32-1156a3).

La bienveillance réciproque doit alors se prolonger dans une certaine vie en commun :

Ceux qui s'accueillent dans l'amitié mais ne se retrouvent pas ensemble sont plutôt semblables à des gens bienveillants qu'à des amis. Rien, en effet, ne caractérise mieux l'amitié que la vie en commun (EN 1157b18-20).

Cette vie en commun consiste d'abord à s'associer dans des activités vitales qui intéressent le plus les deux amis. Ce sont ces activités qui constituent un lien entre eux, même si ce lien est superficiel.

L'amitié, en effet, est une forme de communauté. Tout ce qu'on veut pour soi, on le veut pour son ami. Ainsi, autant avoir conscience de son propre être est une chose désirable, autant avoir conscience de l'être de son ami est désirable. Et cette conscience est là quand nous vivons les choses ensemble. C'est bien cette vie ensemble que les amis recherchent. C'est pour cela que certains boivent ensemble, d'autres jouent aux dés ensemble, d'autres encore s'exercent à la gymnastique, vont à la chasse, ou font de la philosophie ensemble, tous passant leur journée ensemble dans les activités de vie qu'ils aiment le plus (EN 1171b32-1172a7).

C'est là qu'on voit que l'amitié prend ses distances avec le sentiment amoureux. « M'aime-t-elle, ne m'aime-t-elle pas ? » se demande toujours l'amoureux sans vouloir vraiment vérifier. L'amour aime les fantasmes et s'en nourrit. Une véritable amitié s'embarrasse moins. Elle cherche la réciprocité et passe plus facilement à l'aveu. Il faut « oser s'aborder et prendre contact », comme le dit encore Montaigne, sans quoi on reste dans le vœu pieux. L'amitié est d'abord une vie ensemble qui se nourrit d'activités communes et non un rêve sur l'autre.

Bienveillance mutuelle et réciproque, voilà l'attitude intérieure de l'affectivité ou du cœur qui pourra nous orienter vers l'amitié. C'est un aspect fondamental de la définition.

Mais comment être sûr qu'il s'agit bien d'une véritable amitié ? Que l'on est vraiment centré sur l'autre et non sur soi ? Qu'on ne s'enlise pas dans une amitié paresseuse ? Que l'un ne domine pas plus ou moins subtilement l'autre ? Un bon moyen de vérifier l'authenticité de notre amitié, c'est l'expérience de la crise. Elle vient souvent dévoiler les ressorts profonds du lien entre les amis.

Quand la crise survient

On peut toujours croire que l'on est de véritables amis, mais quand la crise survient, c'est souvent la catastrophe et le révélateur de la nature véritable du lien qui nous unit ! On se rend compte qu'on ne comptait pas vraiment pour l'autre, qu'on a été utilisé. On est déçu et on jure qu'on ne nous y reprendra plus. À moins que ce ne soit nous qui subtilement ayons manœuvré. En tout cas, le lien entre les amis est mis à l'épreuve.

Toute crise est une chance pour l'amitié. Comme pour tout ce qui est vivant, c'est l'occasion de faire la clarté et de progresser.

> *On se demande si l'amitié sera dissoute ou non à l'égard des amis qui ne sont plus ce qu'ils étaient. Quand il s'agit d'amis utiles ou plaisants, il n'y a rien d'absurde à penser que l'amitié disparaît si l'autre n'est plus utile ou plaisant. […] Mais on n'aimerait pas que quelqu'un qui, en réalité, ne recherche que le plaisir ou l'utilité dans l'amitié prétende aimer l'autre pour ce qu'il est. Les amis sont souvent en conflit quand ils ne sont pas amis de la façon qu'ils croient l'être* (EN 1165a37-b8).

Aristote nous donne ici des critères de discernement très intéressants. Il distingue trois formes de l'amitié : l'amitié véritable centrée sur le bien de l'autre, qui mérite pleinement le nom d'amitié ; l'amitié fondée sur l'agréable ; et l'amitié fondée sur l'utile. Trois motifs qui peuvent inspirer l'amitié.

Il semble que ce n'est pas n'importe quoi qui est aimé, mais seulement ce qui est aimable, c'est-à-dire ce qui est bon, agréable ou utile (EN 1155b18).

Ces trois motifs [le bien, le plaisir et l'utile] diffèrent entre eux selon l'espèce ; il en sera de même pour les formes d'amour et d'amitié. Il y a trois espèces d'amitié, en nombre égal à ce qui est aimable… Et ceux qui s'aiment les uns les autres se veulent du bien les uns aux autres, suivant le but de leur amour.

Ceux qui s'aiment à cause de l'utilité [qu'ils peuvent en retirer] ne s'aiment pas pour eux-mêmes, mais à cause d'un avantage qu'ils retirent l'un de l'autre.

De même ceux qui s'aiment en vue du plaisir : ce n'est pas, en effet, pour leurs qualités qu'ils aiment les gens d'esprit mais pour le plaisir qu'ils en retirent.

Ceux, donc, qui aiment à cause de l'utilité aiment ce qui est bien pour eux, et ceux qui aiment à cause du plaisir aiment en vue de leur plaisir à eux, non pour ce que l'aimé est en lui-

même, mais pour ce qu'il a d'utile ou d'agréable.

Ces amitiés sont donc amitiés de circonstance, car ce n'est pas pour ce qu'il est en lui-même que l'ami est aimé, mais en tant qu'il procure quelque bien ou quelque plaisir. Ainsi ces amitiés disparaissent-elles facilement ; lorsque l'un ou l'autre ne demeure pas le même [...] ils cessent d'être des amis (EN 1156a5-20).

Nous avons vu qu'Aristote définissait l'amitié à partir du sentiment éprouvé par le sujet : une bienveillance mutuelle et réciproque. Ici il s'interroge sur la visée du sentiment. Il raisonne à partir de la fin et invite à la clarté. Qu'est-ce qui en profondeur inspire mon amitié ? L'autre ou moi ? Un signe peut nous éclairer : la *solidité* du lien en cas de crise.

Un changement de situation sociale qui suffit à casser une amitié : le lien n'était pas désintéressé. Même chose pour le déshonneur atteignant l'un de mes amis et provoquant le délaissement de ma part. Ou encore la maladie qui me ferait rejeter quelqu'un dont j'appréciais vraiment la présence. Ce n'est pas l'autre en tant qu'autre qui m'intéresse, mais en tant qu'il pouvait répondre à ma demande. Demande affective, je recherchais un plaisir en sa compagnie, ou simplement profit. Il m'était utile.

Le plaisir et l'utilité sont ainsi pour Aristote deux manières de se rechercher soi-même dans la relation. Quoique cet égocentrisme soit plus prononcé dans un cas que dans l'autre :

> *De ces deux types d'amitié, celle en vue du plaisir ressemble davantage à la véritable amitié : les deux amis reçoivent la même chose l'un de l'autre ; ils trouvent de la joie l'un avec l'autre et dans les mêmes activités. Telle est l'amitié entre jeunes gens, car il y a en eux plus de générosité. Au contraire ce sont les personnes au cœur mercantile qui cherchent l'amitié basée sur l'utilité* (EN 1158a18-22).

Le *mercantilisme* se conjugue de mille et une façons dans la relation, que l'on soit riche ou pauvre, bien portant ou malade, jeune ou vieux. Aristote fait d'ailleurs remarquer que l'inégalité, créant un décalage entre les personnes, peut déséquilibrer la relation dans le sens du profit.

> *L'amitié basée sur l'utilité se forme, semble-t-il, le plus souvent à partir de personnes de conditions opposées : par exemple, l'amitié d'un pauvre pour un riche, d'un ignorant pour un savant ; ainsi on cherche ce qui nous manque et on donne autre chose en retour* (EN 1159b13-15).

Mais c'est aussi la situation de demande qui oriente la relation vers la recherche de l'intérêt. J'attends de l'autre qu'il me donne quelque chose, une protection, un savoir, de la tendresse, et s'il ne me le donne pas, je me plains !

> *Des conflits naissent surtout dans des amitiés basées sur l'utilité. Les amis de cette sorte attendent toujours des bienfaits ; ou ils demandent toujours davantage, s'imaginant avoir moins que leur dû. Ils en veulent à leur ami parce qu'ils n'obtiennent pas tout ce qu'ils demandent et méritent ! Et le bienfaiteur est dans l'incapacité de satisfaire à toutes les demandes de son obligé* (EN 1162b17-20).

Des conflits que connaissent bien aussi les amoureux :

> *Dans les relations amoureuses, l'amant se plaint parfois que son amour passionné ne soit pas payé de retour, quand parfois il n'y a rien en lui d'aimable ! De même l'aimé peut se plaindre que l'autre, qui lui faisait toutes sortes de promesses, n'en remplisse aucune. Ces formes de conflits naissent lorsque l'amant aime l'aimé pour le plaisir, tandis que l'aimé aime l'amant pour l'utilité...* (EN 1164a2 7).

L'amitié fondée sur le plaisir, qui a davantage la sympathie d'Aristote, pourrait mieux résister à la crise puisque la présence de l'autre est tout de même au centre du sentiment. Mais l'affectivité et la subjectivité qu'elle implique, mises en avant dans ce genre de relation, rendent le lien fragile lui aussi. Il suffit d'observer les jeunes gens.

> *L'amitié chez les jeunes gens semble se fonder sur le plaisir ; car ils sont souvent guidés par leurs passions, et cherchent surtout ce qui leur plaît et le plaisir du moment. Mais en avançant en âge, les choses qui leur plaisent changent. Ainsi ils forment vite des amitiés et vite les abandonnent, car leur amitié change avec le plaisir qu'ils recherchent. Et les plaisirs de cet âge changent facilement. Les jeunes gens ont aussi un penchant à l'amour passionné, car celui-ci relève des émotions et a pour origine le plaisir. De là vient qu'ils aiment vite et cessent vite d'aimer, changeant parfois dans la même journée* (EN 1156a32-b3).

Ce type d'amitié peut tirer son origine d'une certaine ressemblance : goûts communs, sensations identiques, activités semblables, qui rendent la présence de l'autre agréable. On est alors tout proche de la camaraderie. Elle peut aussi se nourrir de différences comme d'un exotisme qui séduit et fait changer d'air. Quoi qu'il en soit, ce type de relation est soumis aux aléas de sa propre subjectivité. Quand on ne ressent plus rien, que reste-t-il du lien ?

On est amené à rompre facilement dans ce style d'amitié, mais on sait rebondir tout aussi rapidement avec un autre. Comme dans la culture du zapping qui séduit tant notre société. C'est sympathique mais dispersant : l'affectivité ne peut pas mûrir. Elle s'arrête au stade de l'*ego*, d'une autre manière que la recherche de l'utilité. Mais dans les deux cas une relation qui ne parvient pas à s'intéresser à l'autre comme tel fait preuve d'immaturité. Comme si l'*ego* restait bloqué, avant toutes choses, sur le désir fondamental d'être aimé, de compter pour quelqu'un, voire d'être tout pour lui. Aristote, qui n'avait pas les sciences humaines à sa disposition, analyse très finement cette tendance.

> *Beaucoup de gens parce qu'ils désirent être honorés semblent préférer être aimés plutôt qu'aimer – c'est pour cela qu'ils aiment les flatteurs, car le flatteur est un ami en état d'infériorité ou qui prétend l'être, et il prétend aimer plus qu'il n'est aimé. [...] Ceux qui cherchent à être honorés par des gens intelligents et des gens de bien cherchent souvent à renforcer leur propre opinion sur eux-mêmes. Ils se réjouissent car le jugement de ceux qui disent qu'ils sont bien les aide à s'estimer eux-mêmes. [...] Mais l'amitié semble consister plutôt à aimer qu'à être aimé* (EN 1159a13-27).

Amitié et maturité vont ensemble, nous le sentons bien. Il faut à un moment passer à un amour actif et généreux. La générosité est une valeur à la mode aujourd'hui, mais celle qui va avec l'amitié n'est pas seulement une générosité de service où l'on voudrait aider l'autre. Ce sentiment généreux, qui peut être proche de la pitié, laisse l'autre en état d'infériorité. Or « l'amitié est une égalité » (EN 1157b35). Aristote reprend très souvent à son compte cet antique principe grec. Si on n'arrive pas à voir chez celui qu'on aide une certaine excellence humaine ou une beauté intérieure qui attire, si on ne trouve pas de joie avec lui, on ne peut pas parler d'amitié.

Cette réflexion sur les amitiés par ressemblance permet maintenant d'aborder ce qui fait l'amitié par excellence.

L'amitié par excellence

On peut espérer que l'amitié véritable n'est pas affectée des mêmes défauts que les formes inférieures de l'amitié. Ainsi, d'un ami véritable on ne se plaint pas, parce qu'on ne le juge pas d'abord sur ce qu'il nous apporte. « L'amitié je la reconnais à ce qu'elle ne peut être déçue, dit Saint-Exupéry, mais toi tout de suite celui que tu aimes tu le transformes en esclave, et s'il n'assume point les charges de cet esclavage tu le condamnes[1]. » Une amitié vraie ne se rompt pas non plus à la première difficulté venue. Elle sait résister à l'épreuve et y trouver même une occasion de grandir. « J'aime l'ami fidèle dans la tentation [c'est encore Saint-Exupéry qui parle] car s'il n'est point de tentation, il n'est point de fidélité et je n'ai point d'ami. » D'où l'amitié véritable tient-elle cette solidité ? N'est-ce pas du fait que, tout entière soucieuse du bien de l'autre, elle est moins soumise aux fluctuations de la jouissance ou de la recherche du profit ? « Dans l'amitié authentique, comme le dit cette fois Montaigne, je me donne à mon ami plus que je ne cherche à le tirer à moi[2]. »

Voilà donc toute la différence : au lieu d'être centrée sur le moi, l'amitié est centrée sur l'autre, sa vie et son bien, un partage des mêmes valeurs qu'on recherche ensemble.

> *On définit un ami : celui qui veut et fait ce qui est bon en réalité ou lui semble tel, en vue de son ami même ; ou encore, celui qui veut que son ami ait l'existence et la vie, pour l'amour même de son ami* (EN 1166a3-5).

1. A. de Saint-Exupéry, *Citadelle*, Gallimard, Paris.
2. *Essais* III, 9.

Dans l'amitié véritable, tout est orienté par ce souci de l'autre, la volonté comme les sentiments.

> *On peut dire qu'aimer c'est vouloir à quelqu'un les choses qu'on estime bonnes pour lui et non pas pour soi-même et les réaliser dans la mesure du possible. Un ami est celui qui aime ainsi et qui est aimé de retour. Ceux qui pensent avoir ces sentiments l'un à l'égard de l'autre pensent être des amis. Cela étant posé, il suit nécessairement que l'ami est celui qui participe au plaisir de l'autre dans le bien, et à sa douleur dans le mal, à cause de lui, et pour aucune autre raison* (Rhét. 1380b35).

L'amitié inclut la tendresse, comme l'amour d'une mère pour son enfant. Aristote compare d'ailleurs l'amour qui fait passer l'autre en premier au sentiment maternel : « C'est précisément ce sentiment que ressentent les mères à l'égard de leurs enfants » (EN 1166a6). Et comment ne serais-je pas tendre envers celui dont je reconnais les qualités ou la beauté intérieure, et qui œuvre pour les mêmes valeurs ou les mêmes intérêts que moi ? Car telle est la raison de l'amitié : j'ai vu la bonté, la beauté de l'autre, et j'en ai été attiré. Nous avons le même sens de la vie et de l'existence.

Qui est capable d'aimer ainsi ? L'homme qui a le sens de l'humain et des activités proprement humaines, l'homme à l'esprit éclairé et à la volonté droite, l'homme qui ne jalouse pas son ami, qui est ouvert sur l'autre. C'est l'homme vertueux.

> *L'amitié parfaite est celle des hommes bons et qui sont semblables en vertu, car ceux-là se veulent réciproquement du bien, en tant qu'ils sont bons, et ils sont bons par eux-mêmes. Ceux qui veulent du bien à leurs amis pour eux-mêmes sont amis au sens le plus fort, car ils se comportent l'un envers l'autre pour eux-mêmes et non pour quelque chose de secondaire ; aussi leur amitié dure-t-elle aussi longtemps qu'ils sont eux-mêmes bons, et la vertu est quelque chose de stable* (EN 1156b6-11).

Comment pourrais-je prétendre à l'amitié si *vouloir le bien* se limite chez moi à une émotion ? L'émotion balayée, il ne reste plus rien. Et si je suis encore dans l'immaturité, empêtré dans mon *ego*, tiraillé par les passions, comment pourrais-je m'ouvrir à l'autre et faire passer son bien avant mon intérêt ? La solidité du lien vient d'une autre profondeur que l'émotion, elle vient de la disposition intime de l'âme à choisir avec compétence et joie le bien de l'autre.

> *L'amour réciproque [l'amitié] provient d'un choix délibéré et ce choix vient d'une disposition stable. Quand les hommes veulent du bien à ceux qu'ils aiment pour l'amour même de ceux-ci, ce sentiment relève non pas d'une émotion, mais d'une disposition stable* (EN 1157b31).

L'amitié réclame cette stabilité intérieure de la personne, cette structure intérieure qu'Aristote nomme vertu. Les vertus sont des qualités intellectuelles ou morales qui entraînent la volonté, la capacité de juger et d'engager sa liberté pour le bien d'un autre. La naissance et l'approfondissement de ces vertus demandent du temps et de l'exercice – la disposition *résulte* de l'exercice, aime à dire Aristote. C'est ce que le renard veut apprendre au petit prince : « Si tu veux un ami, apprivoise-moi. » D'emblée, il installe l'amitié dans la durée, et la rythme par des rites qui structurent le temps. Ainsi, tous les jours, le petit prince devra venir à la même heure pour qu'il ait le temps de « s'habiller le cœur ». Avec non moins de force et de poésie, Aristote souligne lui aussi :

> *Les amitiés fondées sur la bonté sont rares car les hommes vraiment bons sont rares. Ces amitiés ont besoin, en plus, du temps nécessaire pour s'approfondir. Comme dit le proverbe, « il*

n'est pas possible de se connaître avant d'avoir consommé ensemble une mesure de sel». On ne peut admettre quelqu'un dans son amitié, ou être réellement amis, avant que l'autre apparaisse vraiment aimable et digne de confiance. Car si le désir de contracter une amitié est prompt, l'amitié ne l'est pas (EN 1156b25-32).

L'amitié est alors un sommet de la vie, elle se réalise dans cette recherche, ce souci du bien pour l'ami.

Les amis qui le sont à cause de leur vertu sont pleins d'ardeur pour faire du bien à l'autre, car c'est là le propre de la vertu et de l'amitié, et entre ceux qui rivalisent ainsi à faire du bien il ne peut y avoir ni plaintes ni querelles. Personne, en effet, n'est mécontent de celui qui l'aime et lui fait du bien ; au contraire, si on est reconnaissant, on prend sa revanche en lui faisant du bien. Et celui qui excelle en bienfaisance a atteint ce qu'il a recherché, et il ne pourrait en faire grief à son ami, car tous les deux recherchent le bien (EN b6-13).

L'amour vrai, celui des amis authentiques, est aussi un amour qui agit, un amour dynamique et entreprenant. Vouloir lc bien de l'autre n'est pas seulement être bien disposé à son égard et vraiment ouvert à lui, mais aussi se dépenser pour lui et avec lui. Faire le bien ensemble. C'est cela qui nous rend pleinement amis. L'amour voit grand et n'est pas séparable de l'expérience du bien. Je veux pour mon ami les biens les plus grands : pas seulement qu'il soit en bonne santé ou qu'il réussisse ses affaires, mais qu'il vive pleinement. Mais qu'est-ce qui fait vivre ? Ce qui nourrit le mieux l'âme, la recherche de la vérité qui aboutit à la contemplation, et la vie donnée aux concitoyens dans un esprit de justice. On peut le faire seul, mais à deux on le fait avec encore plus d'enthousiasme et de joie. Le charisme de l'amitié, sa grâce propre, c'est de rendre encore plus agréable l'exercice de la vertu. Car il est plus facile de rechercher à deux les vérités ultimes, en échangeant et en s'éclairant mutuellement.

> *Pour quelqu'un de seul la vie est difficile ; il n'est pas facile, laissé à soi-même, d'exercer continuellement une activité, mais en compagnie d'autres cela est plus facile. Ainsi, avec d'autres, l'activité de l'homme heureux sera plus continue* (EN 1170a4-7).

C'est pourquoi le moteur de la dynamique de l'amitié est la vie ensemble. « Rien, en effet, ne caractérise mieux l'amitié que la vie en commun » (EN 1157b20). Cette vie en commun est au cœur de l'amitié comme son élément essentiel. Ce n'est pas une simple cohabitation, « comme du bétail qui paît dans le même pré », dit Aristote (EN 1170b14). C'est une vie vécue en communion, qui se nourrit surtout d'actions communes en vue de choses grandes et nobles. C'est le partage d'une même vision des choses, des mêmes goûts, du même sens de la vie ; elle suppose des actions ou des projets réalisés en commun, surtout ceux qui nous tiennent le plus à cœur. L'amitié est d'autant plus belle qu'elle s'engage dans des actes nobles et grands. Et ce sont surtout le désir de ces belles et nobles actions et leur réalisation qui font le ciment de l'amitié ; ce sont elles qui donnent sens à ce lien. Si la vie en commun diminue, si ce que possèdent les amis n'est plus mis en commun (cf. EN 1168b8), l'amitié elle-même risque de diminuer.

> *Si l'absence entre amis se prolonge, elle semble bien entraîner l'oubli de l'amitié. D'où le proverbe : « Un long silence a mis fin à de nombreuses amitiés »* (EN 1157b12).

Les amis se recherchent non pas pour *se regarder l'un l'autre*, note Saint-Exupéry, mais pour se lancer ensemble dans les activités qu'ils considèrent comme le centre et la fin de leurs vies. Cicéron parle aussi de l'union entre les amis en faisant dire à Lelius : « Scipion et moi, nous étions unis dans les mêmes occupations publiques et privées, unis chez nous dans la paix comme dans la guerre, et entre nous existait ce qui fait le lien puissant de l'amitié : un parfait accord de volontés, de goût et de sentiment[1]. »

C'est aussi par cette vie commune que je communie le mieux à l'existence de mon ami. Dans un texte très dense et très fort, Aristote développe cette idée de communion. Par l'amitié, je communie à la conscience que mon ami a de sa propre existence. Car de même qu'on se sent vivre et exister à travers une activité et qu'on en retire de la joie[2], de même, par l'amitié, on sent vivre et exister son ami. Et l'union est si profonde que la bonté de la vie de l'ami rejaillit sur moi et me donne de la joie. Dans l'amitié, il y a presque une communication, une mise en commun des êtres et de leur bonté propre. L'ami est *un autre moi-même.* Tout ce qu'il vit, je le vis.

> *Et, comme l'homme vertueux se réfère à lui-même, il se réfère à son ami, car « l'ami est un autre soi-même ». Donc, de même que l'existence propre est, pour chacun, objet de choix, de même en sera-t-il de l'existence de l'ami, ou presque.*

---

1. Cicéron, *Dialogue sur l'amitié, op. cit.*
2. Cf. EN 1170b5 cité p. 49.

Or l'existence est objet de choix, nous l'avons dit, à cause du sentiment qu'on a de sa propre bonté existante. Or une telle conscience est agréable en elle-même. Il faut qu'il [l'homme vertueux] ait le sentiment de l'existence de son ami, ce qui arrive quand ils vivent ensemble en mettant en commun leurs idées et leurs pensées. Car il est de l'opinion générale que vivre ensemble, quand il s'agit des hommes, n'est pas comme du bétail qui paît dans le même pré (EN 1170b5-14).

L'amitié dont Aristote a l'intuition, et sûrement l'expérience, rejoint tout à fait l'aspiration des philosophes personnalistes, qui cherchent la communication *interpersonnelle* authentique et profonde. Dans cette amitié, nous restons deux mais nous ne faisons plus qu'un, dans une activité grande et belle que nous accomplissons ensemble. La conscience de la bonté de mon ami me remplit de joie comme si c'était ma propre vie qui était en question, le bonheur de mon ami devient mon propre bonheur.

Cette amitié est si forte que, bien sûr, on ne peut avoir beaucoup d'amis.

Selon l'opinion générale, il n'est pas possible d'être lié d'amitié d'une manière très forte à beaucoup. En effet, l'amour ne peut se porter sur beaucoup, car l'amour tend à être une pointe extrême dans l'amitié et celui-ci est envers un seul ; par suite, l'amitié très forte ne s'adresse qu'à un petit nombre (EN 1171a10-13).

Égalité et inégalité

L'amitié parfaite, telle qu'Aristote vient de la décrire, implique une égalité des deux amis : égalité en valeur, égalité en statut. Ce qui est parfaitement réalisé quand deux personnes égales en vertu vivent ensemble des activités épanouissantes et nobles. Mais l'amitié est-elle possible quand la relation repose sur une inégalité ? Quand l'une des parties est supérieure à l'autre ?

Par exemple l'affection d'un père pour son fils, et, d'une manière générale, d'une personne plus âgée pour une autre plus jeune, ou encore celle d'un mari pour sa femme[1]*, ou de quelqu'un au pouvoir pour un inférieur [...]. Chacun ne doit pas recevoir lesmêmes choses de l'autre ni même les rechercher ; mais quand les enfants rendent à leurs parents ce qu'ils doivent aux auteurs de leurs jours et que les parents rendent à leurs enfants ce qu'ils doivent à leur*

1. Dans la mentalité grecque, et dans celle d'Aristote, l'homme et la femme ne sont pas égaux. Ni en statut, ni en droits. Voir notre conclusion, « Les lacunes et la valeur de la morale aristotélicienne ».

> *progéniture, l'amitié entre eux sera stable et équitable* (EN 1158b12-24).

Construire une amitié sur une base d'inégalité est donc possible à condition de ne pas nier ce déséquilibre du départ. Au contraire, le reconnaissant, nous pourrons rendre solide et vrai le lien qui nous unit. Et même rétablir une certaine égalité, une égalité de proportion.

> *Dans les amitiés qui impliquent supériorité, l'attachement doit être proportionnel : ainsi, celui qui est meilleur que l'autre doit être aimé.* plus qu'il n'aime. [...] Quand, en effet, l'affection de chacun reflète la valeur de l'autre, une sorte d'égalité se réalise, égalité qui semble être un caractère propre de l'amitié (EN 1158b23-28).

Plus loin, Aristote revient sur le cas de l'homme et de la femme, ou des époux. Inégaux, à ses yeux, en statut, leur amitié demeure d'un ordre inférieur. Mais, dans leur registre, ils peuvent pousser très loin l'amitié authentique.

> *L'utilité et l'agrément se trouvent, semble-t-il, dans l'amour entre mari et femme. Mais cet amour peut aussi être fondé sur la bonté, quand ils sont des gens de bien. Car chacun d'eux a sa*

vertu propre, et tous deux mettront leur joie en la vertu de l'autre (EN 1162a24-26).

Cette amitié entre êtres inégaux peut se trouver également entre le maître et l'esclave, qui, pour Aristote, est un instrument animé dans la famille.

En tant qu'esclave il ne peut y avoir amitié avec lui. Mais cette amitié peut exister avec lui en tant qu'il est un être humain (EN 1161b6-7).

L'amitié et la plénitude humaine

Nous voyons clairement que l'amitié veut le bien de l'autre. Mais l'amitié parfaite, loin de supprimer l'amour de soi, le porte à son achèvement. Aristote pose la question : l'homme bon est-il un égoïste ? Bien sûr, dit-il, car il veut sa propre perfection, sa propre bonté et son accomplissement le plus total. Il pense donc à lui-même. Mais il est très différent de l'égoïste pris dans le sens habituel, c'est-à-dire quelqu'un fermé sur lui-même, cherchant son plaisir. Cette question amène Aristote à parler de l'amitié d'une façon très belle.

Il est vrai également de l'homme vertueux qu'il fait beaucoup de choses en vue de ses amis et de sa patrie, et qu'il meurt pour eux s'il le faut. Il renonce aux richesses, aux honneurs, et en général à tous les biens dont on se dispute la possession, se procurant pour lui-même la valeur morale (EN 1169a17-22).

Il préfère un moment court d'intense plaisir à un long mais faible plaisir, vivre noblement une année plutôt que vivre médiocrement pendant beaucoup d'années, une action parfaite et grande à beaucoup de petites. Et c'est ce que paraissent atteindre ceux qui sacrifient leur vie (EN 1169a22-26).

Ainsi il choisit quelque chose de grand et noble pour lui-même. Il est prêt à sacrifier l'argent pourvu que ses amis en profitent. Ses amis gagnent alors l'argent, mais lui gagne ce qui est moralement noble ; alors il se donne à lui-même un plus grand bien. Il traite honneurs et positions sociales de la même façon, il est prêt à sacrifier tout cela pour ses amis, car cela est noble et louable pour lui. Ce n'est pas surprenant donc qu'il apparaît comme excellent quand il choisit le plus noble, en sacrifiant tout le reste. Il peut même renoncer à des actions en faveur de ses amis. Ce peut être plus noble d'être responsable de l'action accomplie par son ami que de la faire soi-même (EN 1169a26-34).

Dans les chapitres suivants, nous allons parler de ces activités grandes et belles qui font que l'homme est parfaitement accompli. Ces activités qu'Aristote appelle vertueuses – car elles procèdent d'une disposition stable et intérieure – peuvent paraître parfois ardues : être courageux, tempérant, généreux, etc., mais elles deviennent plus faciles quand on les partage avec des amis.

Pour quelqu'un de seul la vie est difficile (EN 1170a5).

3

Le goût de la vérité

Quelle est l'activité la plus noble ? Pour Aristote, la recherche du bonheur est liée à cette question. Par « activité la plus noble » il faut comprendre l'« activité la plus belle, la plus sublime ». Celle qui va me permettre de cheminer le plus loin possible dans mon humanité. C'est aussi l'activité qui est la finalité de toutes les autres, la clé de voûte de toute ma recherche et de tous mes désirs. L'activité la plus unifiante aussi, celle qui fait l'unité de toutes mes capacités, de toutes mes puissances en les orientant vers le haut.

Cette « activité la plus noble » reste à définir. Cela peut paraître étonnant après tout ce que nous avons déjà dit sur le bonheur, la vertu ou l'amitié. Surtout l'amitié, qui a la préférence de l'homme d'aujourd'hui. Spontanément, nous pensons que le lieu de notre épanouissement le plus profond se trouve dans la relation à l'autre, dans la rencontre de l'autre. Aristote y a pensé aussi, sinon pourquoi tout ce développement sur l'amitié aux livres 8 et 9 de l'*Éthique* ? Mais, nous l'avons dit précédemment, il n'imagine pas l'amitié comme une fin en soi. Dans l'amitié il ne suffit pas de demeurer avec l'autre et de trouver sa joie en lui. L'amitié est une communion ouverte vers autre chose qu'elle-même. L'amitié, c'est être ensemble tendus vers la poursuite d'un même bien. Reste à choisir le bien à poursuivre ensemble. Deux grandes orientations s'offrent aux amis : la poursuite de la justice dans la cité et la recherche de la vérité.

La *poursuite de la justice,* que je traiterai au chapitre suivant : faire le bien ensemble, organiser la cité pour le plus grand bien de tous, voilà une activité noble et grande. D'autant plus qu'on s'appuie sur ses amis pour y parvenir. Eux pouvant, à leur tour, s'appuyer sur nous. La *recherche de la vérité* : chercher à comprendre toutes choses dans leurs causes les plus fondamentales, c'est une option de vie où l'on est davantage solitaire, mais là encore le faire avec des amis donne plus de bonheur. Aristote ne s'en cache pas, c'est cette dernière activité qui a sa préférence, car elle correspond à ce qu'il y a de plus spécifique, de plus noble et de plus divin en l'homme. Il n'y a qu'à regarder sa propre vie, ses propres choix de vie. Il est allé là où le portait son tempérament de chercheur de vérité.

Comment la recherche de la vérité peut-elle combler l'homme de bonheur ? Rien de mieux pour le comprendre qu'un détour par l'itinéraire d'Aristote lui-même.

Que sait-on de la vie d'Aristote ?

Qui était donc Aristote ? Je voudrais vous dire, à partir de ce que l'on sait de sa vie, comment je l'imagine. Et comment j'imagine qu'il a conduit sa vie.

Il me semble qu'Aristote, à l'époque de sa maturité, devait ressembler à l'un de ces hommes prodigieux de culture et sachant écouter. Des passionnés de réalité, curieux de tout ce qui se découvre. Ils sont restés alertes et attentifs, sans être débordés par l'information, parce qu'ils savent juger. Ils savent discerner le vrai du faux, l'essentiel du secondaire. Ils savent repérer les bonnes intuitions. Ils sont posés et ouverts, capables d'enthousiasme. Ils savent être dans le feu de la recherche, mais aussi s'arrêter et faire silence, regarder, contempler. Ils cherchent à unifier leur savoir, à faire l'unité en eux-mêmes. C'est pourquoi ils prennent du temps, seuls, pour méditer, intérioriser ce qu'ils savent. Peser les choses. Moins intéressés par la somme des connaissances que par une juste vision du monde, moins intéressés par ce que l'on pense d'eux que par le vrai lui-même. Je ne crois pas exagérer en disant qu'Aristote ressemblait un peu à cela, bien qu'il ait été une sorte d'encyclopédie vivante. Platon le surnommait d'ailleurs « le liseur ». Mais, avant d'en arriver là, il a fait son chemin, en suivant son talent.

Quand Aristote arrive à Athènes, c'est un jeune homme de dix-sept ans. Il est fils de Nicomaque – nom qu'il donnera à son tour à son propre fils, né d'un second mariage –, le médecin du père de Philippe de Macédoine. Aristote retournera d'ailleurs plus tard à la cour de Macédoine, appelé par Philippe, pour être le précepteur d'Alexandre. À quel point Nicomaque le père aura-t-il influencé Aristote le fils ? Difficile à dire. Très tôt, Aristote est orphelin de père et de mère. À l'âge de onze ans. Mais on n'est pas issu d'une telle lignée médicale – on est médecin de père en fils dans sa famille – sans en recevoir une part d'héritage. Aristote doit sans doute à sa filiation ce goût pour la réalité, cette passion pour le monde du vivant, qu'il a observé sous tous ses aspects, et même disséqué, au point qu'on a pu l'appeler le « père de la biologie ».

À Athènes, son premier maître sera Platon. Un tempérament bien différent du sien. Autant Platon veut entraîner dans les sphères de la contemplation pure au prix d'un détournement de la réalité sensible, autant Aristote sera soucieux de rester sans cesse en contact avec le réel. Amoureux de toutes formes d'expériences, sans jamais court-circuiter le sensible ni l'ici-bas. Car notre monde est le « sublunaire », comme il le dira plus tard, en élaborant sa cosmologie. Ce monde situé « sous la lune », le seul que nous sommes appelés à habiter.

Mais, pour l'instant, à l'aube de ses dix-huit ans, on l'imagine assez bien sous le charme de Platon. Entre les différentes écoles philosophiques qui se proposent à Athènes – au moins deux à l'époque –, sans compter les rhéteurs et autres sophistes en circulation libre, Aristote n'hésite pas. Ce sera l'Académie, que Platon a fondée voilà déjà vingt ans. Dans une cité en pleine effervescence intellectuelle, cette école rayonne de tous ses feux. C'est là que se forment les chercheurs de vérité qui seront les philosophes-rois de demain. Car l'urgence est à la fois du côté de la philosophie et du côté du gouvernement de la cité. Athènes, tombée dans la mollesse d'une démocratie proche de l'anarchie, a besoin d'un souffle nouveau. À l'école de Platon, on apprend justement à contempler la *Cité idéale* pour l'appliquer ici-bas.

Aristote est plus qu'intéressé. Séduit par le souffle puissant de ce maître à la fois génial et attachant. Il entend chez lui la soif de vérité et de contemplation essentielle. Il ira s'abreuver à cette source. Pendant vingt ans, les yeux et les oreilles grands ouverts, il reçoit par tous ses pores. Platon lui donne le goût de la réflexion, le goût de comprendre et d'aller jusqu'au bout de la pensée dans la recherche des causes ultimes. Son esprit s'exerce, tels les muscles du sportif. Tout l'intéresse : la politique, les affaires humaines, mais aussi les choses du ciel, la nature, les astres. Il s'élance à son tour.

De son côté, Platon l'a repéré, puisqu'il l'appelle « le liseur », ou encore « la tête pensante ». Autant dire le cerveau de l'école. Il en fait bientôt son assistant, si bien qu'Aristote devient chargé d'un cours de rhétorique. Jusqu'à la mort de Platon, pendant vingt ans, il demeurera à l'Académie. Et pourtant le disciple n'est pas d'accord en tout avec son maître. Surtout dans sa manière d'approcher le réel. Pour Platon, la réalité existante est décevante. Il l'a vérifié en politique, lorsque Athènes, prétendument éprise de justice, met à mort « le plus juste des hommes », Socrate, qui n'avait pas voulu servir l'un de ses projets peu honnête. Où donc est la véritable justice, celle qui ne déçoit pas ? Elle n'est visible qu'à l'œil de l'âme qui voudra bien faire l'ascension du monde visible au monde invisible des Idées. C'est cette contemplation de l'Idée, ou du modèle parfait de Justice, de la Justice *en soi*, qui pourra inspirer de justes décisions. Bref, pour Platon, la vraie réalité n'est pas dans la réalité visible ou « sensible », c'est-à-dire perçue par les sens. Elle est au-delà du monde, et le transcende.

Telle n'est pas la conclusion d'Aristote. Lui-même est très attiré par tout ce qui se passe dans la matière. Il aime la toucher, la disséquer. Il est persuadé qu'on ne peut progresser dans la connaissance qu'en partant de ce qui est offert aux sens, au toucher, à la vue, à l'ouïe… bref, à l'expérience. Lui aussi veut trouver, et passionnément, l'intelligibilité profonde et ultime de la réalité. Il sait qu'on ne l'atteint que par l'œil de l'esprit, ou de l'intelligence. Mais l'effort de l'esprit, sa tension, pourrait-on dire, est un effort de pénétration de la matière et du visible, pour accéder au cœur des choses, alors que pour Platon l'effort est de se détourner du réel sensible vers un au-delà intelligible.

À quel moment Aristote a-t-il pris ses distances avec le maître ? Dès l'Académie ? Plus tard, retiré dans la solitude, ou bien quand, devenu à son tour chef d'école, il atteint sa pleine stature de philosophe ? Les spécialistes s'interrogent encore. On sait seulement qu'il s'est essayé à la dialectique façon Platon. La preuve, ces quelques fragments de *Dialogues socratiques* qu'on a gardés de lui. Et pourtant, même dans ces écrits primitifs où il pastiche celui dont il reçoit l'enseignement, Aristote n'est pas tout à fait en phase avec Platon[1]. Il est déjà lui-même. Ce qu'il lui en a coûté de prendre ainsi ses distances, on le sait grâce à une confidence de l'*Éthique à Nicomaque.* Elle apparaît discrètement au détour d'une phrase du livre 1, au moment où justement il discute les thèses platoniciennes.

> *Mais il semble préférable, et c'est même une obligation pour le salut de la vérité, de sacrifier nos sentiments personnels, surtout quand on est amant de la sagesse. En effet, la vérité et l'amitié nous sont chères l'une et l'autre, mais donner la préférence à la vérité est pour nous quelque chose de sacré* (EN 1096a13-17).

Aristote a fait de la recherche de la vérité l'axe de sa vie. En entrant à l'Académie, il a opté pour elle. De l'avis de Platon, il était inutile d'espérer être un bon philosophe avant l'âge de cinquante ans, et il fallait aller à la vérité *avec l'âme tout entière.* C'est dire qu'on doit y engager la meilleure partie de soi-même si ce n'est l'être

---

1. Cf. L. Robin, *La Pensée grecque et les origines de l'esprit scientifique,* Albin Michel, Paris, 1963.

tout entier. « Il ne faut pas témoigner à un homme plus d'égards qu'à la vérité[1] », ajoutait-il encore. Aristote l'a pris au mot.

À la mort de Platon, les choses vont s'éclaircir d'elles-mêmes. Platon s'éteint à un âge avancé, alors qu'Aristote est arrivé à pleine maturité d'homme : il a trente-huit ans. Il aurait pu prendre la direction de l'Académie, et peut-être lui donner un autre élan, mais cela ne se fait pas. L'Académie échoit à Speusippe, neveu de Platon. Alors, Aristote prend ses bagages et s'en va son propre chemin. Il se rapproche de sa Macédoine d'origine et finit par atterrir sur l'île de Lesbos. Là, il devient l'homme du grand air et se met à explorer tout ce qui l'entoure : la faune, la flore, mais aussi le ciel et ses habitants quasi divins que sont les astres.

L'extraordinaire foisonnement des êtres ne lui fait pas peur ; au contraire, il le passionne. Son *Histoire des animaux* le montre en train de compter le nombre de branchies chez les poissons ou de dénombrer les espèces d'oiseaux. Il a aussi scruté les mouvements du ciel au point de prédire, paraît-il, le passage d'une comète. Aristote est du genre entêté. Entêté à comprendre comment marche le monde et où il va. Il travaille en prenant des notes, classant ses

1. Platon, *République*, 595 bc.

observations, cherchant à cerner au mieux les articulations du réel. Il s'en tient aux faits pour se garder de partir dans l'imaginaire. Aristote se méfie de l'illusion qui peut accompagner l'enthousiasme de certaines théories.

> *Quand il s'agit des passions et des actions, les raisonnements sont moins convaincants que les faits, et quand ils sont en désaccord avec ce qui est perçu, ils sont rejetés avec mépris et entraînent dans le discrédit la vérité elle-même […]. Il semble que les raisonnements selon la vérité sont plus utiles, et cela non seulement pour la connaissance mais aussi pour la vie humaine. En harmonie avec les faits, ils sont convaincants, et ainsi ils incitent ceux qui les comprennent à y conformer leur vie* (EN 1172a34-b7).

Voilà encore un point qui le distingue de Platon, qui volontiers recourt au mythe pour introduire à la contemplation des Idées. Platon est poète, il utilise l'imagination pour ouvrir l'intelligence. Le procédé d'Aristote est tout différent. S'il accumule les observations, et dans tous les domaines – songeons à son extraordinaire somme sur les constitutions politiques ou à l'étude minutieuse des caractères humains, qu'on trouvera plus loin dans l'*Éthique* –, c'est parce qu'il veut rester au plus près de ce que sont les choses. On ne connaît pas sans contact, sans toucher – le toucher ou tact est au fondement de tous les sens. Bergson, un philosophe de notre époque, a bien saisi ce mouvement de la connaissance chez Aristote : « Ce serait de prolonger la vision de l'œil par une vision de l'esprit. [...] Ce serait, par un puissant effort de vision mentale, de percer l'enveloppe matérielle des choses et d'aller lire la formule, invisible à l'œil, que déroule et manifeste leur matérialité[1]. »

Si donc les choses se donnent à voir, ce sera dans le contact avec elles. Un contact qui conduit l'intelligence à saisir en profondeur leur intelligibilité et leur raison d'être.

L'épanouissement dans la vie de l'esprit

Ce détour par la vie d'Aristote éclaire la direction dans laquelle nous devons chercher le bonheur. Le bonheur ne peut être que dans l'*activité* de ce qui est le plus extraordinaire et le plus noble en l'homme, l'activité de l'intelligence.

> *Après avoir parlé des différentes vertus, des amitiés et des plaisirs, il reste à tracer une esquisse de la nature du bonheur, puisque c'est lui que nous disons être la fin des activités*

1. H. Bergson, *La Pensée et le Mouvant, in Œuvres*, PUF, Paris, 1959, p. 1454.

humaines. [...] Nous avons dit que le bonheur n'est pas une capacité à agir... mais plutôt une activité (EN 1176a29-34).

Mais si le bonheur est une activité selon la vertu, il est raisonnable qu'il soit selon la plus excellente, et celle-ci sera la vertu de la partie la meilleure de nous-même. [...] Que cette partie soit l'intelligence ou quelque autre chose qui paraisse être par sa nature même ce qui règle et qui guide, et ce qui a l'intelligence des réalités hautes et divines, [...] c'est son activité selon la vertu qui lui est propre qui sera le bonheur parfait. Or, que cette activité soit spéculative, c'est ce que nous avons dit (EN 1177a10-18).

Plusieurs points sont à approfondir dans ce texte : la vertu dont il est question, c'est la *sagesse* dont l'acte est contemplatif ou *théorétique*, comme dit le mot grec. Nous y reviendrons plus loin. Si la sagesse est la vertu la plus excellente, c'est qu'elle vient couronner, perfectionner ou plutôt rendre vivant et actuel ce que l'homme porte en lui, sa capacité d'aller au-delà du sensible, du visible, du fini, pour saisir l'invisible, l'infini.

L'esprit, la meilleure partie de nous-même

Au fond de l'explication d'Aristote, il y a aussi cette conviction que « la meilleure partie de nous-même » est du côté de l'esprit. C'est lui, l'intelligence qui est à honorer en premier, et dans sa capacité la plus haute : saisir ou comprendre une chose dans son être.

Comprendre est autre chose que raisonner, discourir ou argumenter. C'est s'ouvrir à la chose même, plus que prétendre maîtriser par des raisonnements, des mises en rapports ou des classements. Comprendre, c'est rejoindre une chose dans son intimité d'être. On ne peut le faire que dans une attitude à la fois de pénétration intellectuelle et d'écoute. Activité et passivité tout à la fois. L'esprit travaille à saisir au-delà du visible ce qui fait le fond intelligible de l'être qui se trouve en face de lui, jusqu'à le rejoindre dans l'intuition. L'intuition étant comme le moment où le *logos*-intelligence rejoint le *logos*-intelligible de la chose. Car toute chose, comme nous l'avons dit au chapitre premier, est illuminée de l'intérieur par son intelligibilité.

Cette faculté, à la fine pointe de l'esprit-*logos*, ou de l'intelligence apte à rejoindre une chose dans son intelligibilité intime, est ce qu'Aristote appelle le *nous*, et que les Latins appelleront plus tard intelligence, en insistant sur l'étymologie du terme *intelectus*, « lire à l'intérieur ». Aristote tombe en admiration devant cette capacité « noétique » qu'il trouve en lui-même, et en tout homme. Il accumule les adjectifs : rien de plus

« divin », rien de plus « noble ». Et en même temps rien de plus proprement humain.

> *Même si cette partie est petite en son volume, elle dépasse de loin tout le reste, en puissance et en excellence. On peut même penser que chacun est cette partie même, puisqu'elle est la partie principale, et la meilleure* (EN 1178a1-2).

> *Il serait absurde que l'homme préfère non pas la vie qui lui est propre, mais quelque chose d'autre… Pour l'homme, donc, ce sera la vie selon l'intelligence, car l'intelligence est surtout ce qui constitue l'homme. Cette vie-là est donc la plus heureuse* (EN 1178a3-9).

Qu'on en soit persuadé : si on s'écarte de l'intelligence, pas de vie vraiment humaine ni heureuse. Reste à travailler. Car la contemplation suppose la lente pénétration de la matière, comme dit Bergson. Par quoi commencer ? Par laisser remonter en nous le *goût de la vérité*. Puis comme les premiers philosophes, ou comme les enfants, nous laisser pénétrer par l'esprit d'*étonnement*.

Le goût de la vérité

Si nous savions écouter nos désirs à leur véritable profondeur, nous trouverions intacts la soif de connaître, le goût de la vérité. C'est l'une des aspirations les plus profondes de notre esprit. Un chercheur le sait : il le mesure à la joie qu'il éprouve lors de ses découvertes. Mais tout homme porte en lui cette vocation de chercheur. Chercheur de vérité, sur lui-même et sur le monde.

> *Tous les hommes désirent naturellement savoir. Ce qui le montre, c'est le plaisir causé par les sensations, car en dehors même de leur utilité, elles nous plaisent par elles-mêmes* (Méta. 981a21).

Aristote indique ici le désir d'un savoir *gratuit*. Un savoir qui n'est pas justifié par l'utilité pratique. Il ne me sert ni à mieux gouverner ma maison, ni à la construire, ni à diriger mes affaires. C'est un savoir qui ne vise rien d'autre que lui-même et qui est comme une lumière intérieure qui me réjouit. Comme si mon intelligence trouvait son bien et sa joie dans le seul fait de connaître, dans l'intelligibilité des choses. Cela, dit Aristote, est un indice d'une aspiration profonde de l'esprit.

Observons les enfants. L'enfant aime découvrir et il s'étonne de ce qu'il trouve. Il admire. C'est important de garder cette capacité d'admiration, cette capacité d'être saisi par les choses, saisi par leur beauté. L'enfant, le tout-petit, nous enseigne cela. L'enfant pose aussi des questions surprenantes. « On entend souvent, de la bouche des enfants, des paroles dont le sens plonge directement dans les profondeurs philosophiques », écrit Jaspers, un philosophe de notre temps. « L'un dit avec étonnement : “J'essaie toujours de penser que je suis un autre, et je suis quand même toujours moi.” Il touche ainsi à ce qui constitue l'origine de toute certitude, la conscience de l'être dans la connaissance de soi. Il reste saisi devant l'énigme du moi, cette énigme que rien ne permet de résoudre. Il se tient là devant cette limite, il s'interroge. Un autre, qui écoutait l'histoire de la Genèse, “Au commencement, Dieu créa le ciel et la terre…”, demanda aussitôt : “Qu'y avait-il donc avant le commencement[1] ?” »

L'adulte a quelquefois perdu cette « source originelle du moi » qui coulait librement dans l'enfance. Le philosophe veut la retrouver pour qu'elle jaillisse à nouveau.

On trouve cet esprit d'enfance au commencement de la philosophie, dans l'histoire. Les premiers philosophes de l'Occident avaient cet esprit d'étonnement, cet esprit d'admiration. C'est cela qui les a fait regarder le monde d'un œil neuf. La réflexion philosophique a pu

1. K. Jaspers, *Introduction à la philosophie*, 10/18, Paris, 1965.

alors commencer. Auparavant, on se contentait d'explications mythologiques profondes. L'esprit se reposait sur l'histoire racontée dans le mythe, à laquelle il donnait foi.

Aristote, qui relit l'histoire de la philosophie en y cherchant sa place, résume ainsi les choses :

> *C'est à cause de leur étonnement que les hommes maintenant et dès le début commencent à philosopher. Leur étonnement se portait d'abord sur les difficultés évidentes, puis, peu à peu, ils ont progressé et ils ont noté des difficultés plus grandes concernant, par exemple, les phénomènes de la lune et la genèse de l'univers. Or, apercevoir une difficulté et s'étonner, c'est reconnaître sa propre ignorance. [...] Ainsi donc, si ce fut bien pour échapper à l'ignorance que les premiers philosophes se livrèrent à la philosophie, c'est qu'ils poursuivaient le savoir en vue de la seule connaissance* (Méta. 982b11-20).

L'esprit d'étonnement et la joie qui l'accompagne sont un indice sûr du bonheur de connaître et de comprendre. La pensée vraie commence par l'étonnement. Comme si, avant de se mettre en route, l'esprit avait besoin de s'arrêter sur les choses qu'il va découvrir. C'est un premier éblouissement en attendant l'émerveillement plus profond au bout du chemin, et qu'Aristote appelle la contemplation. Mais avant d'en arriver là, il faut du temps. Il faut explorer le réel et ses articulations. Toutes choses qui demandent beaucoup d'efforts de l'esprit et où il peut s'égarer.

> *La recherche de la vérité est en un sens difficile et en un autre facile. Ce qui le montre, c'est que nul ne peut l'atteindre adéquatement ni la manquer tout à fait. […] De sorte qu'il en est de la vérité, semble-t-il, comme de ce qu'il nous arrive de dire en proverbe : « Qui manquerait une porte ? » […] Il est donc juste de nous montrer reconnaissants, non seulement pour ceux dont nous pouvons partager les opinions, mais encore pour ceux qui ont exprimé des vues plus superficielles* (Méta. 993a30-b13).

Aristote est un homme prudent et humble. Il ne va pas s'appuyer sur ses seules forces. Il reprend à son compte tout l'effort de la pensée de ceux qui le précèdent, c'est-à-dire les premiers philosophes.

Les quatre causes

Pour Aristote, pour ses prédécesseurs, et peut être pour les philosophes de tout temps, la question fondamentale demeure : comment atteindre la réalité ? Elle semble nous échapper plus qu'elle ne se donne à voir. Elle change. À peine croit-on l'avoir saisie qu'elle est déjà autre, dit Héraclite. Il ne parlait pas ici des hommes inconstants, mais des choses de la nature. Comme cette marguerite aujourd'hui en bouton demain sera éclose et finira par se faner. À quel moment est-elle stable ? Jamais. Dans la nature la seule grande loi stable est celle du *devenir*. Mais si les choses sont toujours à la fois *elles-mêmes* et *autres* qu'elles-mêmes, dans cet incessant mouvement de genèse et de décomposition, comment les saisir ? Comment saisir enfin ce qui fait qu'elles sont ce qu'elles sont ? Comment comprendre l'unité d'une chose ? Du monde ? De la nature ? Qu'est-ce qui fait l'unité du monde au-delà des multiples êtres qu'il contient ? Les premiers philosophes, qui sont aussi des observateurs, cherchent dans la nature la substance unique au fond de toutes choses. Pour certains c'est l'eau, pour d'autres, le feu ou l'air.

> *La plupart des premiers philosophes ne considèrent comme principes de toutes choses que les seuls principes de nature matérielle. Ce dont tous les êtres sont constitués, le point initial de leur génération et le terme final de leur corruption, alors que la substance persiste sous la diversité de ses déterminations : tel est pour eux l'élément, tel est le principe des êtres. Ils croient pouvoir en tirer cette conséquence qu'il n'y a ni*

génération ni destruction, étant donné que cette nature première subsiste toujours. [...]

Ainsi Thalès dit que le principe est l'Eau. Anaximène et Diogène posent l'Air comme antérieur à l'Eau, et, parmi les corps simples, ils lui donnent la préférence comme principe, tandis que, pour Hippase de Métaponte et Héraclite d'Éphèse, c'est le Feu (Méta. 983b6-984a6).

Les premiers philosophes ont posé une bonne question : « De quoi est faite la réalité ? » Sans le savoir, ils ont cherché la *cause matérielle*, sans pour autant arriver à rendre compte à la fois du dynamisme et de la permanence dans l'être de toute chose. Pour avancer, essayons une autre question, dit Aristote. Demandons-nous : « D'où vient la réalité ? »

Par exemple, le bois ne fait pas le lit, ni l'airain, la statue, il y a quelque autre chose cause du changement. Rechercher cette autre chose, c'est rechercher l'autre principe ou, comme nous dirions, ce dont vient le commencement du mouvement (Méta. 984a24-27).

Cet autre principe, c'est la *cause efficiente*, facile à voir pour les choses fabriquées – c'est le menuisier qui a fait le lit. La réponse est plus difficile pour les réalités naturelles. Quelle est la source du mouvement dans la nature ?

Autre question : « Qu'est-ce qui donne sa forme à la chose ? » Qu'est-ce qui cause son organisation intime ? Son architecture intérieure ? Qu'est-ce qui lui donne telle allure, tel style ? Ou plutôt, qu'est-ce qui fait qu'une chose est telle chose, qu'un homme est un homme ? Chercher la *cause formelle*, c'est s'interroger sur ce qui définit une chose, la rend reconnaissable. Devant ce verre, je ne peux pas me tromper, sa forme le dit : c'est un verre.

Mais Aristote veut se débarrasser du prototype à la façon de Platon. C'est l'existant concret, dans sa forme concrète qui l'intéresse. Cet âne-là que je vois brouter dans l'herbe et non le prototype de l'âne. Mais comment définir la forme de l'âne ? La cause formelle est une des plus difficiles à voir, surtout dans la nature.

La critique qu'Aristote fait des idées platoniciennes, c'est justement qu'elles n'expliquent rien du mouvement, du passage de la possibilité à l'actualité. Platon se cantonne à la cause formelle. Mais il faut expliquer la genèse des êtres. Or la cause efficiente ne s'explique que par la cause finale, et non par le hasard, comme semblent le dire certains présocratiques.

> *Rapporter au hasard et à la fortune une œuvre si grandiose* [l'univers] *n'est pas non plus raisonnable* (Méta. 984b12).

Cette dernière question autour de la chose, donne au mieux sa raison d'être : « En vue de quoi ? Pour quoi est-elle faite ? » C'est la *cause finale,* la plus intéressante, qu'on découvre en dernier.

> *Ce pour quoi les actions et les changements et les mouvements ont lieu, nos prédécesseurs disent, en effet, que cela est d'une certaine façon cause, mais non pas [comme nous] et de la façon dont il est de sa nature d'être cause. Ceux qui parlent de l'intelligence et de l'amitié [et ce sont Anaxagore et Empédocle, semble-t-il] comme d'une cause parlent d'elles comme de biens, mais ils ne disent pas que ce qui existe existe et devient en vue d'elles, mais seulement qu'elles sont cause [efficiente] du mouvement.*
>
> *De la même façon, ceux qui disent que l'Un ou l'Être sont un bien [Platon ?] disent qu'ils sont la cause de la substance, mais non pas que la substance est ou devient en vue d'eux. Ainsi on voit que, sous un angle, nos prédécesseurs disent et ne disent pas que le bien est une cause : pour eux, il n'est pas cause d'une façon absolue [c'est-à-dire en tant que bien], mais seulement d'une façon accidentelle* (Méta. 988b6-15).

Cause matérielle, cause efficiente, cause formelle et cause finale. En multipliant les questions et les points de vue, Aristote sort la pensée de l'impasse. Les choses à la fois ont une définition et sont en mouvement vers un terme, vers un but. Les quatre causes sont une manière de connaître une chose. Et la cause finale a davantage de valeur explicative, si l'on peut dire, que les autres. Aristote en parle comme de la cause des causes. C'est elle qui explique le mieux parce qu'elle donne le pourquoi. Elle a le rang de *première cause.*

> *Nous ne croyons connaître rien avant d'en avoir saisi chaque fois le pourquoi, c'est-à-dire saisi la première cause* (Phys. 194b19).

La connaissance selon Aristote demande la patience. Quel regard pénétrant faudra-t-il pour saisir le pourquoi des choses ? À l'homme de la rue, je peux poser la question : « Pourquoi faistu cela ? » Mais pour les réalités de la nature, ce n'est pas si simple. Et pourtant la cause finale est la clé de voûte de la connaissance.

Jusqu'à l'ultime cause finale

Quelle vision Aristote cherche-t-il finalement ? D'abord, il cherche à élargir son regard. À le porter au-delà des choses familières, vers les réalités les plus élevées, les plus divines. La nature offre un foisonnement extraordinaire d'êtres passionnants à découvrir, mais il y a aussi le ciel avec ses astres, dont le mouvement a quelque chose de divin. En aucun cas il ne s'agit de se limiter à l'homme. Il y a plus noble que lui. L'homme est comme porté par l'univers. L'homme est mortel, les astres et l'univers sont éternels.

> *Il serait absurde de penser que la science politique ou la prudence sont le meilleur savoir, quand ce qu'il y a de meilleur dans l'univers n'est pas l'homme* (EN 1141a20-22).

> *Car il y a au-dessus de l'homme d'autres êtres plus divins, par exemple les êtres qui composent l'univers [les astres]* (EN 1141b1).

Les Grecs n'avaient pas atteint le savoir de nos astrophysiciens, mais ils étaient fascinés par le mouvement des astres, par ce mouvement très régulier qui semble inaltérable. Un mouvement simple – déplacement dans le ciel – qui semble échapper au cycle « génération-dégradation » des réalités d'ici-bas. Toutes choses qui leur faisaient penser que les astres étaient parmi les réalités éternelles. L'homme aussi est doué de mouvement. Pas seulement de locomotion, mais de toute forme de devenir : croissance, progression intellectuelle, mais aussi dégénérescence et mort. Les astres sont plus simples dans leur mouvement et semblent « incorruptibles », immortels. En plus, ils « constituent » le monde : sans astres, le ciel s'écroule, alors que l'homme passe sans que le monde en soit affecté[1]. Tout cela donne à penser à Aristote que les astres sont, parmi les choses visibles, les réalités les plus hautes et les plus divines.

En s'exerçant à contempler les astres, l'intelligence apprend à voir loin. Elle progresse dans la contemplation.

L'intelligence doit aussi apprendre à voir toute chose dans sa dimension la plus profonde, c'est-à-dire du point de vue de sa fin. Où va-t-elle ? Quel est son bien ? Ce sont les questions que l'intelligence doit poser si elle veut saisir une chose à la source. Aristote en pense l'esprit humain capable : lui-même a dû faire une expérience intellectuelle très forte de la source de l'être. Il a compris que la source de toute chose c'est le bien vers lequel elle tend, et dès lors la connaissance véritable voit les choses du point de vue de la fin. L'évolution d'une fleur se comprend par rapport au terme qui est visé : l'éclosion de son fruit. Mais les

1. Cf. R. Brague, *Aristote et la question du monde*, PUF, Paris, 1988.

choses ne sont pas isolées. Il y a un ordre, dans l'univers, qui tient ensemble toutes choses. La fleur finit par revenir à la terre, parce que tout est en mouvement, et c'est encore un bien. Apprendre à contempler, c'est donc aussi s'habituer à voir les choses *en réseau*. À voir que toute chose tend vers son bien et coopère ultimement à un unique bien.

Dieu et les dieux chez les Grecs et chez Aristote

Au temps d'Aristote, la civilisation grecque baignait dans la religiosité, et tous les penseurs et hommes de bien se référaient au divin. À l'origine de la religion grecque, il y avait des mythes, des liturgies et des sacrifices religieux, mais aussi une religion des mystères. Pour les Grecs, le monde humain était entouré de dieux qui seuls étaient bienheureux, éternels et doués d'immortalité. Des dieux à qui l'on rêve de ressembler :

« Si l'on pouvait être dieu ! Le bonheur, cet éternel bonheur, c'est le privilège de la divinité. Si l'on pouvait donc s'assimiler à la divinité, entrer en sa famille, entrer dans la race des dieux. Si l'on pouvait combler l'abîme qui sépare les deux races, et qu'il y eût, de l'une à l'autre, d'autres rapports que ceux de l'esclave au maître, ou du citoyen au dieu poliade, ou du malade au guérisseur, qu'il y eût une union plus complète qui affectât la nature même de l'homme et, la montrant parente du divin, lui donnât droit, après la mort, à la société des dieux !

« Est-ce un rêve ? Et n'est-ce qu'un rêve ? Ou plutôt ne serait-ce pas atteindre à ce qu'il y a de plus humain dans l'homme, de plus essentiel dans sa nature, de spécifique ? Si bien que ne seraient vraiment hommes que ceux qui obtiennent cette apothéose, vraiment sages que les sages qui s'assimilent à Dieu.

« La pensée grecque a fait ce rêve. C'est Platon qui le premier l'a formulé en sa rigueur. Et le lien qu'il établit entre les idées d'être, de divin, d'immortalité s'impose désormais à la spéculation théologique.

« Le sentiment qui le meut se greffe sur la croyance populaire. L'essentiel en est que cette immortalité bienheureuse, désir de l'homme, ne s'obtient qu'au moyen d'une divinisation. Pour devenir immortel, il faut être fait dieu. Car l'immortalité, au sens plein, est un privilège strictement divin. L'immortalité ne convient d'aucune manière à l'homme, en tant que tel. Il a commencé d'être, il doit finir. La naissance appelle la mort. L'homme ne peut donc s'immortaliser qu'en changeant de condition, de nature. Plus exactement, selon le platonisme, en laissant s'épanouir sa vraie nature ; ou bien, dans les mystères, en s'attachant au dieu par un lien plus étroit[1]. »

Aristote vit dans cette culture qui baigne dans cette notion des dieux. Comme philosophe, il veut être à la recherche du divin qui seul permet de sortir d'un monde où tout est en devenir et où la naissance appelle la mort. Cependant, pense-t-il, la religion a été faussée à travers les âges.

Une tradition, venue de nos ancêtres et de l'Antiquité, et transmise sous forme de mythe aux âges suivants, nous apprend que les substances immobiles sont des dieux, et que le divin embrasse la nature entière. Tout le reste de cette tradition a été ajouté plus tard, dans une forme mythique, pour persuader la multitude et pour servir les lois et les intérêts communs. Aussi, on donne aux dieux une forme humaine […]. Si l'on sépare du récit son fondement initial, et qu'on le considère seul, à savoir la croyance que toutes les substances premières sont des dieux, on pourrait croire que c'est là un enseignement divin.

Tandis que, selon toute vraisemblance, les divers arts et la philosophie ont été développés aussi loin que possible, à plusieurs reprises et cha-

1. A.-J. Festugière, *L'Idéal religieux des Grecs et l'Évangile*, Gablada, Paris, 1932, p. 39 et 40.

que fois perdus, ces opinions ont été conservées jusqu'à notre temps comme des reliques [de la sagesse antique]. C'est ainsi seulement que l'opinion de nos pères et des premiers hommes nous paraît claire (Méta. 1074b1-14).

Aristote connaissait la vertu héroïque de Socrate, qui se disait « au service de Dieu » (Apol. 21c), et qui mettait ce service « au-dessus de tout », au-dessus de sa propre réputation et de sa propre vie : « Athéniens, je vous aime, mais j'obéirai plutôt à Dieu qu'à vous-mêmes » (29d, c). « Je ne ferai jamais autre chose [que ce que Dieu demande] quand je devrais mourir mille fois » (30b). Devant ses juges, Socrate explique la « vraie règle de conduite » qui a été aussi la sienne : « Tout homme qui a choisi un poste parce qu'il le jugeait le plus honorable, ou qui y a été placé par un chef, doit y rester, quel que soit le danger, et ne considérer ni la mort, ni aucun autre péril, mais avant tout la honte. » Ce qui serait grave serait « de déserter le poste auquel – je crois et j'en suis persuadé – Dieu m'appelait, en m'ordonnant de vivre en philosophant et en m'examinant moi-même et les autres » (28e et 29a). Le grand mal, pour Socrate, est de « désobéir à un meilleur, qu'il soit Dieu ou homme » (29b).

Aristote, quant à lui, affirme l'importance de la religion dans la cité :

> *Ceux qui, par exemple, posent la question de savoir s'il faut ou non honorer les dieux… n'ont besoin que d'une bonne correction* (Top. 105a5).

> *Il nous faut donc énumérer tous les éléments nécessaires à l'existence d'une cité. […] D'abord, il faut la nourriture ; puis les arts mécaniques ; ensuite il faut des armes ; il faut aussi une certaine provision d'argent pour faire face aux besoins intérieurs [à la cité] et aux nécessités de la guerre ; en cinquième lieu, mais le premier en l'importance, il faut le service des dieux, autrement dit un sacerdoce* (Pol. 1328b3-11).

La religion est essentiellement une justice rendue « aux dieux qu'on se doit d'honorer », c'est-à-dire un culte, une piété. Elle peut aussi préparer les cœurs à la vie vertueuse, canaliser l'affectivité comme une sorte de propédeutique à la sagesse au moins pratique.

Mais qu'est cette religion ? Monothéiste, polythéiste ? Aristote semble dire que la vraie tradition a été pervertie : « On donne aux dieux une forme humaine, ou on les représente semblables à certains animaux. » La religion a été alors transformée en actes de piété motivés par la peur ou le gain. Fidèle à sa méthode d'écoute de la réalité humaine et de tout ce qui est humain, Aristote donne une valeur à la religion. Elle peut aider les hommes à vivre humainement et à devenir vertueux, à reconnaître que, au-dessus d'eux, il y a le divin qu'il faut honorer. Mais il veut purifier la religion de tout ce qui est illusion. Pour lui, la métaphysique, loin de supprimer la religion, lui donne un fondement et des certitudes qu'elle risque sinon de perdre avec le temps.

Qu'est donc la contemplation, ou plus précisément l'objet de la métaphysique ?

La question se pose alors : « Qu'est-ce que l'intelligence humaine peut dire de Dieu ? » C'est là tout le travail de la philosophie et plus spécialement de la métaphysique.

Aristote veut la vérité. Il veut établir une science de la vérité. Il ne faut pas se méprendre. La métaphysique est une science qui, sous certains angles, est rude. Il ne faut pas prendre à la légère ou simplifier la façon dont Aristote arrive à la connaissance intellectuelle de Dieu. Ce n'est pas une déduction facile. Il faut une intelligence qui dépasse la simple constatation des faits ou la recherche du *comment*. La métaphysique cherche à dépasser les notions de tel ou tel être ou de tel ou tel groupement d'êtres pour saisir l'être lui-même des choses. C'est pour cela qu'Aristote dit que l'objet de la métaphysique est l'*être en tant qu'être* et non pas en tant que telle ou telle chose.

Pour être convaincu de la rigueur de la pensée aristotélicienne, il faut lire la *Métaphysique*, son analyse de la substance, de l'acte et de la puissance, de l'un et du multiple, du mouvement et de la définition des mots dans le livre 5[1]. Aristote cherche à pénétrer l'être des choses visibles et leur mouvement, de leur génération à leur corruption. Il entend connaître la lumière qui y réside, leur intelligibilité, leur capacité d'être saisi par l'intelligence humaine. Ainsi il y voit leur être, leur existence, mais il voit aussi que les êtres visibles ne possèdent pas leur existence ; ce sont des êtres en mouvement, en devenir. Dans leur être en devenir et dans leur faille métaphysique, Aristote saisit que, audelà d'eux, il y a nécessairement un être qui n'est qu'être, éternel. La contemplation aristotélicienne est donc ce regard perçant de l'intelligence qui voit, non par les yeux, mais par l'intelligence, une présence, le dieu.

Comment le métaphysicien voit-il Dieu ? Aristote, en s'appuyant sur la réalité du mou-

1. Pour une analyse rigoureuse et précise de la *Métaphysique*, cf. M.-D. Philippe, *Introduction à la philosophie d'Aristote, op. cit.*, p. 153-227.

vement et du devenir, recherche l'origine du devenir. Car tout mouvement implique non seulement une cause efficiente, un moteur, mais surtout une raison d'être du mouvement, un bien qui éveille le mouvement, qui est la cause finale.

> *Il y a donc aussi quelque chose qui le meut [le Premier Ciel qui est source du mouvement dans l'univers] et, puisque ce qui est mû et meut est un moyen terme, il doit y avoir quelque chose qui meut sans être mû, être éternel, substance et acte. Celui-ci meut des réalités comme l'aimable et l'intelligible : ces derniers, en effet, meuvent sans être mus* (Méta. 1072a21).

Et Aristote note : « Si on n'adopte pas notre explication, le monde devra venir de la nuit, de la confusion universelle et du non-être » (Méta. 1072a19-20). Ce qui pour lui est absurde. C'est la négation de l'intelligence.

> *Le premier moteur est donc un être nécessaire, et, en tant que nécessaire, son être est le bien, et c'est de cette façon qu'il est principe. À un tel principe sont suspendus le ciel et la nature* (Méta. 1072b10-14).

Dans des textes très denses (Méta. 1072b14-21), Aristote essaie de saisir ce qu'est cette vie de Dieu, et en Dieu. Dieu est la pensée souveraine qui se pense elle-même, car en Dieu « l'intelligence et l'intelligible s'identifient ». Et Aristote ajoute que Dieu a toujours l'immense joie de la contemplation – la joie que nous, hommes, nous ne possédons qu'à certains moments fugitifs.

> *Nous disons que Dieu est un vivant éternel et parfait, puisqu'une vie et une durée continue et éternelle appartiennent à Dieu. C'est cela en effet qu'est Dieu* (Méta. 1072b26-30).

Finalement, Aristote se demande de quelle manière l'univers possède le bien, le souverain bien :

> *Est-ce quelque chose de séparé, existant en soi et par soi ? Est-ce comme l'ordre même du tout ? Ne serait-ce pas plutôt des deux manières à la fois, comme dans une armée ? En effet, le bien de l'armée est dans son ordre, et le général qui la commande est aussi son bien, et même à un plus haut degré, car ce n'est pas le général qui existe en raison de l'ordre, mais c'est l'ordre qui existe grâce au général. Toutes les réalités de notre univers sont soumises à un certain ordre bien qu'elles ne le soient pas toutes de la même façon, poissons, volatiles, plantes. Et les choses ne sont pas arrangées de façon telle que l'une n'ait aucun rapport avec l'autre, mais elles sont en relations mutuelles, car toutes sont ordonnées à une seule fin* (Méta. 1075a11-18).

Évidemment, plus le philosophe devient un homme de sagesse, plus cette capacité de philosopher et de contempler s'enracine en lui, plus cette activité de regard sur Dieu, dans et à travers les choses visibles et leur mouvement, devient source de joie. Elle devient l'activité la plus heureuse, la plus béatifiante, la plus joyeuse, source d'un immense plaisir, j'ose dire extatique. Cette activité n'est pas alors une recherche intellectuelle, un travail laborieux, mais un *repos*. C'est comme si l'intelligence avait enfin atteint son objet principal. Elle se repose en cet objet. Bien sûr, le mot « repos » n'a pas ici le sens qu'on en donne communément, opposé à l'activité. Il est la plénitude de l'activité intellectuelle s'arrêtant et s'émerveillant dans le plus grand et le plus beau de ses objets : Dieu. Ainsi le sage se soustrait à la loi du devenir et du mouvement, à celle du stress et de l'activité politique, pour atteindre l'éternel, le premier moteur immobile. Par sa contemplation, il se place, pour un court moment, en dehors du temps.

On croit communément que le bonheur consiste dans le repos. Car nous ne nous privons de repos qu'en vue d'en obtenir et nous faisons la guerre pour avoir la paix (EN 1177b4-5).

Si donc, parmi les actions vertueuses, celles qui concernent la politique et la guerre l'emportent par leur noblesse et leur grandeur, et sont cependant privées de repos et recherchent une autre fin qu'elles-mêmes ; si l'activité de l'intelligence – qui est spéculative – paraît supérieure par sa nature excellente et ne recherche aucune fin en dehors d'elle-même, et s'accompagne de son propre plaisir parfait – ce qui augmente son activité ; si cette activité est indépendante et se réalise dans le repos sans fatigue, autant que c'est possible à l'homme ; et si toutes les autres qualités qu'on attribue à l'homme heureux appartiennent à cette activité, elle sera donc le bonheur total de l'homme, si elle est atteinte pendant la durée d'une vie totale, car aucun des éléments du bonheur ne doit être imparfait (EN 1177b15-25).

Nous disons les dieux heureux et bienheureux, et heureux les hommes qui ressemblent le plus à la divinité (EN 1101b24).

La vie de contemplation sera au-dessus de l'homme ; aussi ce n'est pas en tant qu'homme que le sage vivra de cette façon, mais en tant qu'il y a quelque chose de divin en lui. Autant cette partie en nous [l'intelligence] diffère du composé, autant son activité diffère de l'activité selon les autres vertus. Si donc l'intelligence comparée à l'homme est quelque chose de divin, la vie selon l'intelligence sera une vie divine comparée à la vie humaine. Il ne faut pas suivre

> *ceux qui conseillent, parce qu'on est homme, de s'occuper des choses humaines, parce qu'on est mortel, des choses mortelles, mais, autant qu'il est possible, il faut se rendre immortel et tout faire pour vivre selon la meilleure partie de soi-même. Car même si celle-ci est petite dans son volume, elle dépasse de loin tout le reste en puissance et en excellence* (EN 1177b26-1178a2).

Si sur le plan métaphysique Aristote, dans une recherche rigoureuse, affirme que le premier moteur immobile en tant que cause finale est source de tout mouvement dans l'univers, et que tout l'univers lui est ainsi ordonné, comme une armée à un général, il ne dit pas explicitement que Dieu veille sur les hommes. Imprégné de la culture grecque comme il l'était, et respectueux des lois humaines et des vérités anciennes transmises depuis les temps anciens, Aristote, s'appuyant sur des opinions communes ou sur celles des sages, affirme cependant en maints endroits de ses œuvres que les dieux veillent sur les choses humaines (EN 1179a24). Ils connaissent tout (Poét. 1454b et Rhét. 1397b12), ils mettent de l'ordre dans l'univers (Pol. 1326a32), ils font des dons aux hommes (EN 1099b12), ils viennent au secours des victimes de l'injustice (Rhét. 1383b9). Il dit que Homère a justement appelé Zeus, père des dieux et des hommes, comme étant le roi de tous (Pol. 1259b13). Aristote dit que Dieu connaît nos offrandes et que la bonne fortune dépend de lui (EE 1243b12 et 1248b). Son testament nous montre que lui-même, dans sa vie privée, prie Zeus et qu'il est exaucé.

La contemplation métaphysique est un acte de l'intelligence spéculative. Elle est comme l'accomplissement de ce qu'il y a de plus merveilleux dans l'être humain et dans l'univers. Mais, en même temps, cet acte honore Dieu. C'est ce que R. A. Gauthier dit dans son commentaire de l'*Éthique à Nicomaque* : « Ce qui, dès Aristote, a disparu, c'est sans doute l'idée d'un dieu qui ne serait pas tout entier intelligible, et d'une connaissance qui ne serait pas tout entière intelligence. Mais pour tout intellectuelle qu'elle soit, la contemplation aristotélicienne, même dans les *Éthiques*, reste, sinon mystique, au moins religieuse. Elle ne sépare pas contempler et honorer, parce qu'elle sait que, en contemplant, elle ne touche que la moindre partie de Dieu, et qu'il lui faut adorer l'immensité de ce qui, de celui qu'elle aime, lui échappe[1]. »

---

1. R. A. Gauthier, *Commentaire sur l'Éthique à Nicomaque*, 2 vol., Louvain, Paris, 1959, p. 860.

La contemplation philosophique n'est pas une expérience mystique

Les dialogues platoniciens donnent parfois l'impression d'une véritable expérience de Dieu. Il suffit de lire *Le Banquet* ou le *Phédon* pour en être assuré. Chez Platon, la poésie et la mystique se mêlent. Aristote veut enraciner la connaissance de Dieu dans une véritable science philosophique. Il ne fait pas de place dans sa philosophie au mythe, à l'illusion ou à la poésie. Il reconnaît cependant dans son premier traité sur la morale, l'*Éthique à Eudème*, que des inspirés ou des prophètes existent.

> *On appelle fortunés ceux qui ont une impulsion qui les porte à la réussite sans raisonnement et sans que la délibération leur soit utile. Ils ont en effet en eux un principe meilleur que l'intellect et la délibération. D'autres, par contre, ont l'intellect mais n'ont pas cet autre principe. Les premiers ont l'inspiration, mais ils n'ont pas la délibération. Aussi, sans raisonnements, ils ont les qualités des prudents et des sages.*

Il semble qu'il faille assimiler ces inspirés aux hommes qui possèdent en eux quelque instinct divin au-dessus de la vertu, plutôt qu'aux poètes dont parle Platon, en les nommant d'ailleurs prophètes et devins.

La contemplation aristotélicienne n'est donc pas une expérience, ou une rencontre de Dieu, comme dans la mystique chrétienne. Elle n'est pas non plus une vie ascétique pour produire le vide ou pour *toucher* le vrai soi, comme dans certaines religions orientales. Elle s'apparente à la contemplation esthétique où l'homme se repose dans un regard émerveillé sur la beauté à travers laquelle tressaille la beauté divine.

La contemplation, moment béni qui donne sens à toute une vie

Le sage qui a entrevu Dieu à travers les choses visibles est alors un homme pleinement accompli. Une telle expérience, si elle est nourrie et reproduite, donne un regard nouveau sur toute la vie et sur toutes les activités humaines. Le sage n'est plus embourbé dans les querelles et les conflits de la cité. Il a du recul. Il voit les choses à partir de l'humilité, née du fait qu'il se reconnaît soumis à la vérité, à sa recherche. En regardant vers Dieu, l'Éternel, il se voit lui-même petit et fini, alorsmême qu'il porte en lui un trésor : la capacité de le connaître.

Certes, Aristote sait que peu de personnes auront le loisir de vivre cette vie *divine* presque surhumaine. Mais il cherche à montrer que ce sont seulement ceux-là qui pourront vivre un bonheur plénier correspondant aux aspirations les plus profondes de l'être humain. D'autres seront heureux à leur mesure et selon leurs possibilités – nous verrons cela dans les chapitres suivants –, mais ils ne vivront pas le bonheur le plus grand. Aristote, philosophe qui sait que la plupart des gens suivent leurs passions, va montrer que seuls ceux qui se donnent à la sagesse et en même temps vivent leur humanité avec des amis, dans la famille et la cité, auront le bonheur le plus total. N'est-ce pas pourquoi, dans la *Politique*, il veut que les législateurs encouragent les citoyens à progresser dans cette direction ? Peu importe le nombre qui l'atteint, ce qui est important c'est que ceux qui désirent être vraiment heureux puissent s'orienter vers cette connaissance de ce qui est le plus grand, le plus noble pour l'homme.

Après avoir vu comment Aristote parle de la sagesse, ne peut-on lui attribuer par analogie ce que les juifs de langue grecque, à une époque plus tardive, disent de la sagesse ?

J'ai préféré la sagesse aux sceptres et aux trônes
et j'ai tenu pour rien la richesse auprès d'elle.
Je ne lui ai pas comparé la pierre la plus précieuse ;

car tout l'or, devant elle, n'est qu'un peu de sable,
à côté d'elle, l'argent compte pour de la boue.
Plus que santé et beauté, je l'ai aimée,
je l'ai préférée à la lumière,
car son éclat ne connaît point de repos.

Livre de la Sagesse 7, 8-14[1]

1. *Bible de Jérusalem*, Éditions du Cerf, 1955, 1998 (nouvelle éd.).

4

Petites et grandes vertus

Dans le chapitre précédent, nous avons essayé de voir avec Aristote ce que l'être humain peut espérer découvrir par son désir et sa capacité de connaître la vérité sur le monde. Aristote estime que ce désir n'est pas vain et que l'être humain peut arriver à connaître les causes ultimes. L'intelligence alors s'arrête, s'émerveille et contemple.

Pour Aristote, le philosophe ou le sage est celui qui atteint le vrai bonheur humain. Mais attention ! S'il apparaît comme le *plus divin des hommes*, le sage reste un *homme*, soumis à la fatigue, à la maladie et à la mort. Il a besoin d'une famille. Il a besoin d'amis pour s'entraîner avec lui à la contemplation.

Le sage, comme tout homme, a dû aussi travailler en lui tout ce qui compose son humanité : ses passions, ses propensions à la colère, son sens du plaisir, sa relation aux autres. Comment pourrait-il être heureux s'il était comme un caméléon, inconstant à l'égard de ses amis, et s'il avait peur d'une mouche ! Pour être vraiment un être humain accompli, un homme heureux, il faut être maître de soi, avoir une structure intérieure. On dirait aujourd'hui : il faut être un homme ou une femme debout, honnête et vrai, clair dans ses choix. Cette structure ou cette stabilité intérieure proviennent de ce qu'Aristote appelle les vertus. Nous avons parlé de la sagesse comme de la vertu suprême. Mais tous ne peuvent s'adonner à la philosophie et à la recherche de la connaissance des choses les plus nobles. D'autres trouvent leur bonheur dans l'exercice des vertus morales en vue du bien des autres dans la cité.

C'est pour cela qu'à la suite des philosophes et des moralistes grecs Aristote consacre plusieurs chapitres aux différentes vertus et aux différents vices, c'est-à-dire à la façon dont nous gérons nos désirs et nos passions, dont nous les gouvernons ou nous laissons gouverner par eux. Dans ce catalogue de vertus et de vices se trouve une analyse fine de la psychologie humaine. Elle révèle comment la partie désirante – ou les passions – est souvent mue par la peur ou par un besoin exorbitant de paraître, de posséder et de vivre des plaisirs.

Quand l'homme se laisse aller, il a tendance à se fossiliser dans une attitude d'excès ou de manque, et parfois à passer d'un extrême à l'autre. Il se goinfre et ensuite jeûne pour retrouver la santé, ou bien il dérive de façon habituelle dans un excès de nourriture et de boissons, voire de drogue. Au contraire, l'homme qui possède la vertu de tempérance a de la joie à bien manger et à boire, sans excès. Il sait goûter le plaisir sans être débordé par lui. Il se gouverne avec rectitude parce qu'il sait intégrer le *logos* à sa vie.

La vertu est cette disposition intérieure que nous acquérons par l'exercice et des habitudes, qui permettent de régler nos désirs ou leurs opposés, nos peurs, parce qu'ils se sont laissé pénétrer par le *logos*.

Pour comprendre chaque vertu, Aristote la compare à ce qui lui est opposé. Il dit que la vertu est un *juste milieu* entre deux extrêmes, entre un excès par le trop, ou un manque par le trop peu. Mais bien sûr ce juste milieu n'est pas de l'ordre de la quantité, il est un sommet. Cela pourrait être représenté de façon schématique par un triangle.

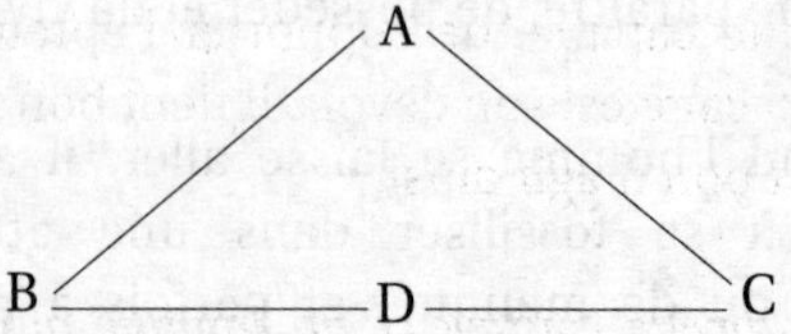

Si nous prenons l'exemple de la vertu du courage, B serait un excès : la témérité. C, un manque extrême : la lâcheté. A, le sommet : le courage, qu'on atteint à travers des luttes et un vrai travail sur soi. Et D, le juste milieu au sens quantitatif, qui ne doit pas être confondu avec la vertu.

Courage et tempérance

Aristote commence par l'analyse des vertus morales qui concernent l'homme dans son équilibre intérieur, comme le courage et la tempérance, qui règlent des passions par rapport à soi-même. Le *courage* est surtout la qualité de l'homme qui se tient ferme en face du danger. Il se distingue à la fois du lâche mû par une peur qui fait fuir et de l'aventurier vaniteux et inconscient qui se lance en avant, parfois pour être applaudi. Le courageux sait éprouver la difficulté, y compris dans sa chair, il en connaît le prix, il peut même avoir peur, mais il tient bon. Sa sensibilité travaillée par la raison est rendue capable de supporter l'épreuve. Il tient bon car c'est son devoir. Il tient bon parce que c'est bon d'agir ainsi.

> *On appelle courageux un homme qui tient fermement en face d'une mort noble, ou des dangers qui peuvent entraîner la mort – et ceci est surtout vrai dans les dangers de guerre* (EN 1115a33-35).

Le courage se révèle alors dans des situations extrêmes où l'on risque sa vie. Le plus grand des dangers, c'est la mort. Pour Aristote, le courageux par excellence, c'est le soldat, pour qui la mort est toujours à l'horizon du combat. Quelles sont les formes contemporaines du courage ? Quelles sont les situations où notre vie est le plus exposée ? Peut-être certaines situations où l'homme sait résister aux pressions. À la pression de la haine, de la corruption, du conformisme. Ou encore à l'individualisme excessif. Le courageux, aujourd'hui, peut être celui qui endure des situations extrêmes de violence en répondant par une autre attitude que la violence. La vertu du courage est toujours d'actualité, mais la nature du combat n'est pas forcément la même.

La *tempérance* est la vertu qui règle les plaisirs du corps, surtout le plaisir du toucher

« qu'il s'agisse de nourriture, de boisson ou de ce qu'on appelle les plaisirs de l'amour » (EN 1118a30). Le toucher comme fondement de tous les sens est aussi la sensation la plus recherchée des jouisseurs.

> *C'est pourquoi un gourmand a voulu avoir le gosier plus long que celui d'une grue : ce qui montre qu'il prenait son plaisir dans le toucher* (EN 1118a30).

On pourrait croire que le gourmand est un affamé du goût, mais non, ce qu'il veut c'est « toucher le plus possible ». Le gourmand, ou le goinfre, pour l'appeler par son nom, est un intempérant.

> *L'intempérant convoite tous les plaisirs. Tous ou les plus grands, et il se laisse conduire par sa convoitise au point de tout sacrifier pour les acheter* (EN 1119a1).

À noter qu'Aristote distingue celui qui se laisse entraîner par les plaisirs, et quasiment conduire par eux par faiblesse, de la personne volontairement déréglée. « L'intempérant est celui qui suit les passions, et le déréglé celui qui veut et qui a décidé d'être sous l'emprise des passions » (EN 1151a11).

Le vice opposé, c'est-à-dire un dérèglement par défaut du sens du plaisir, n'a pas vraiment de nom, note Aristote, qui le qualifie d'*insensibilité*.

Libéralité et magnificence

L'homme libéral (*éleutherios*) renvoie à homme libre, par opposition à l'esclave. C'est un homme cultivé qui a reçu une bonne éducation et donc cherche des plaisirs conformes à cette éducation. Il sait comment utiliser ses loisirs. Dans un sens plus restreint, c'est l'homme généreux. La générosité et la magnificence sont des vertus qui règlent l'utilisation des biens.

Le *généreux* est celui qui n'hésite pas à donner ses biens matériels et qui par le fait même sera aimé et approuvé. Il donne comme il le faut, à qui il le faut et quand il le faut, et il le fait avec joie.

> *Il est hautement caractéristique du généreux de donner avec surabondance et de ne garder pour lui-même que la moindre part, car ne pas regarder à soi-même est le propre du généreux* (EN 11204-6).

> *Être généreux ne dépend pas de la quantité donnée mais de l'état intérieur [l'intention] du donateur, c'est une question de proportion par rapport à ce qu'il possède. Ainsi celui qui donne*

moins peut être plus généreux qu'un autre, s'il possède moins (EN 1120b6-10).

La générosité est affaire de vertu, mais aussi d'autres choses, liées à l'histoire de chacun, note Aristote.

Ceux qui n'ont pas acquis leurs richesses par leurs propres efforts mais les ont reçues en héritage sont souvent, de l'aveu de tous, les plus généreux. En effet, ils n'ont pas vécu dans le besoin. En plus, chacun aime mieux ce qu'il a fait, comme c'est le cas des parents et des poètes (EN 1120b10-13).

Ce n'est pas facile pour le généreux de s'enrichir car, s'il est prêt à dépenser, il n'est pas prêt à prendre ou à garder. Il aime la richesse non pour elle-même, mais pour pouvoir la donner. Ainsi, on remarque en le regrettant que ceux qui méritent le plus d'avoir des richesses en ont le moins. Cela n'est d'ailleurs pas surprenant car on ne peut posséder de biens si on ne cherche pas à les posséder (EN 1120b14-19).

Un des vices opposé à la générosité est la prodigalité. Celle-ci ressemble à la générosité, mais le prodigue donne trop et à qui il ne faut pas, et de la façon qu'il ne faut pas. Il se laisse entraîner par la passion de donner ou plutôt par la passion d'être entouré d'amis flatteurs, de paraître important.

Il n'est pas méchant mais plutôt sot (EN 1121a 26).

La plupart des prodigues non seulement ne donnent pas comme il faut, mais ils procurent des biens là où il ne faudrait pas. De ce point de vue ils ne sont pas généreux. Ils cherchent à acquérir parce qu'ils veulent dépenser, et ils ne peuvent le faire totalement. En effet, bien vite il ne leur reste rien. Ainsi, ils doivent chercher des richesses ailleurs. Ils ne recherchent pas la rectitude morale, c'est pourquoi ils acquièrent des biens à n'importe quelle source.

Les prodigues désirent donner, peu importe la façon de donner ou la source des biens. Ainsi les dons qu'ils font neméritent-ils pas le nom de générosités : les prodigues ne donnent pas pour de bonnes raisons ni comme il faut. Parfois ils donnent à ceux qui devraient rester pauvres, et ils ne donnent rien à ceux qui ont de la valeur. Ils donneront beaucoup à ceux qui les flattent ou qui leur procurent d'autres plaisirs (EN 1121a30b7).

Il est intéressant d'entendre Aristote nous dire qu'il peut y avoir un dérèglement du don par *excès*, une sorte de générosité intempérante et mal placée, dans l'intention d'avoir de nombreux amis et de paraître important. Nous pensons spontanément que le contraire de la générosité, c'est forcément l'avarice. Mais donner trop et *quand il ne faut pas* peut aussi faire du mal. Ce peut être une manière de lier les bénéficiaires, de les garder dans notre dépendance au lieu de les faire grandir. Par exemple, quand on donne de la nourriture au lieu d'offrir une canne à pêche et le mode d'emploi qui l'accompagne ! Le don juste est celui qui est fait *à qui il faut et quand il le faut*, dit Aristote, parce que l'autre en a besoin et non pas pour me libérer de mes compulsions de paraître.

Cela dit, l'*avarice* est un vrai défaut de vertu, et elle est davantage partagée – si l'on peut dire – par les hommes que son contraire, la prodigalité.

> *L'avarice est plus naturelle à l'homme que la prodigalité, car la plupart des hommes aiment l'argent plus que de le donner* (EN 1121b14).

C'est pourquoi il est plus facile à un prodigue, s'il est aidé, de devenir généreux qu'à un avare. L'avare est tourné vers lui-même, il veut posséder, il amasse, il prend plaisir dans ses possessions. Parce qu'il est enfermé en lui-même, il est plus difficilement curable.

Une autre vertu, la *magnificence,* s'occupe de régler les dons. L'homme magnifique est semblable au généreux, sauf que la magnificence est par rapport à des choses honorables et excellentes, alors que la générosité est par rapport à de plus petites choses : « La magnificence est dans ce domaine une sorte de grandeur de la générosité » (EN 112a22).

> *La magnificence a pour objet des dépenses que nous appelons honorables. Par exemple, celles que l'on fait pour les dieux, les offrandes, les constructions de temples, les sacrifices, et toutes ces choses qui regardent la divinité. Ou encore les dépenses qui concernent l'intérêt commun et dont il est honorable de vouloir prendre la charge, comme d'organiser un spectacle, armer une trière, donner un banquet officiel* (EN 1122b18-23).
>
> *La magnificence regarde aussi les dépenses privées qu'on ne fait qu'une seule fois, comme dans le cas d'un mariage ou d'une autre occasion semblable. Ou comme dans des événements qui intéressent la vie publique ou des personnes honorables, la réception et le départ d'hôtes étrangers, l'échange de cadeaux. L'homme magnifique dépense son argent pour des choses d'intérêt commun et non pour lui-même. Ces dons sont un peu semblables aux dons qu'on fait aux dieux. C'est le propre de l'homme magnifique de construire une maison correspondant à sa richesse – car une maison est une sorte de monument. Il dépense de l'argent aussi pour des œuvres qui durent car elles sont les plus nobles* (EN 1122b36-1123a10).

Les vices opposés sont l'ostentation et la mesquinerie. L'individu qui pèche par excès, c'est-à-dire par ostentation, dépasse la mesure en ce qu'il dépense autrement qu'on ne le doit, par exemple,

dans les petites occasions, il dépense énormément d'argent et fait étalage d'une splendeur qui détonne : pour un repas modeste, il fait un festin de noce ; chargé d'organiser une représentation comique, il habille le chœur de pourpre pour l'entrée, comme on fait à Mégare. Et tout cela, il le fait non pour une raison morale, mais pour manifester ses richesses. Il cherche à se faire admirer. Et dans ces occasions où l'on devrait dépenser beaucoup, il dépense peu, et beaucoup là où l'on devrait dépenser peu (EN 1123a21-27).

Le mesquin, lui, restera toujours en dessous de ce qu'il devrait dépenser :

> *Il cherche à dépenser le moins possible, et il le fait en gémissant, croyant toujours dépenser plus qu'on ne doit* (EN 1123a30).

Douceur, amabilité, véracité et sens de la plaisanterie

Aristote s'intéresse aussi à des vertus qui paraissent mineures, mais qui sont au cœur de la vie. Des petites vertus qui révèlent notre équilibre ou notre déséquilibre dans notre relation aux autres dans la cité. Il s'agit de la *douceur*, ou de l'agressivité, que nous montrons dans nos relations avec autrui, de l'*amabilité*, de la *véracité* que nous exigeons de nous dans nos paroles et dans nos actes, ou encore du *sens de la plaisanterie* qui colore nos relations sociales. Des attitudes qui peuvent sembler sans importance, mais qui en disent long sur le climat des relations quotidiennes entre citoyens. Comme elles engagent nos relations sociales, elles sont proches de l'amitié.

Comme le courage, la *douceur* est une vertu qui règle la colère, l'irascibilité, ou le manque de colère, la peur. Sauf que le courage utilise la force de l'irascible pour monter à l'assaut, alors que la douceur tempère un irascible qui est provoqué. Le doux n'est pas un mièvre ou un mou. Il peut se mettre en colère quand il le faut. Mais il a aussi la force secrète de la patience, il tient bon tranquillement. N'est-ce pas la vertu de non-violence dont parlait le mahatma Gandhi, qui disait que pour être un non-violent, il faut savoir être violent ? Par contre,

ceux qui ne se mettent pas en colère pour les choses où il se doit de la façon qu'il le faut, ni quand il le faut, ni avec les gens qu'il faut, semblent être des niais. Ils paraissent insensibles, ne ressentant aucune peine. Puisqu'ils ne se mettent pas en colère, ils semblent incapables de se défendre.

Accepter des insultes par rapport à soi ou par rapport à sa famille ou à ses amis est le fait d'un être servile (EN 1126a3-8).

Sous un autre aspect, Aristote distingue parmi les colériques ceux qui s'emportent facilement et extériorisent leur colère, et ceux qui la ruminent en eux-mêmes, sans la montrer de prime abord. Les premiers sont irascibles, les seconds rancuniers.

> *Les irascibles se mettent vite en colère, contre des gens qu'il ne faut pas, aux mauvais moments et plus qu'il ne faut. Mais leur colère cesse vite, et c'est même là le plus beau côté de leur caractère. Ils agressent ainsi car ils ne contiennent pas leur colère. Aussi répondent-ils vite à l'offense, ouvertement, et puis leur colère tombe* (EN 1126a14-17).
>
> *Les gens amers, cependant, ont du mal à être réconciliés et restent longtemps sur leur colère, car ils contiennent leurs émotions. Leur colère s'arrête une fois qu'ils ont rendu coup pour coup. La vengeance substitue le plaisir à la peine [qu'ils ont subie] et ainsi elle fait cesser la colère. Mais s'ils n'arrivent pas à se venger, ils en gardent du ressentiment… Il leur faut du temps pour digérer leurs colères. De telles personnes sont insupportables pour elles-mêmes, et pour leurs amis proches* (EN 1126a20-28).

L'*amabilité* est un juste milieu entre la flatterie et l'esprit chicanier.

Dans les rencontres, en vivant ensemble, à travers les conversations ou les activités, il y a des gens qui cherchent toujours à plaire. Ils nous flattent continuellement sans jamais nous contredire. Ils pensent qu'ils ne doivent pas causer de peine à ceux qu'ils rencontrent.

Il y a, au contraire, ceux qui nous contredisent continuellement ; cela ne les gêne pas de faire de la peine. Ce sont des gens hargneux, qui aiment les disputes.

Le juste milieu évite ces deux extrêmes et est digne d'éloge. Il diffère de l'amitié car il n'implique pas de sentiments affectueux pour l'autre. L'homme vertueux agira sans distinction avec des gens qu'il connaît, des compagnons ou des étrangers. Il fera ce qui convient à chacun, en cherchant à éviter de peiner quelqu'un, ou même de partager ses plaisirs, mais en cherchant toujours à agir selon le bien et correctement (EN 1126b11-30).

La *véracité* concerne l'image de nous-même que nous voulons donner aux autres.

Examinons ceux qui recherchent soit la vérité, soit la fausseté, pareillement dans leurs paroles et leurs actes, c'est-à-dire dans ce qu'ils prétendent être. Le vantard s'attribue des qualités qui lui attirent une réputation, tout en ne les ayant pas [...]. Par contre, celui qui a tendance à se déprécier nie ses qualités ou du moins les atténue. Celui qui se tient dans un juste milieu est un homme sans détours, vrai dans ses paroles et ses actes, il reconnaît ses qualités, sans rien exagérer ni atténuer (EN 1127a18-26).

En effet, celui qui dit la vérité même quand il n'y a pas d'autres motifs sera plus désireux encore de dire la vérité quand il y a d'autres motifs. Ainsi, il évitera tout fausseté comme honteuse… Il aura tendance à rester en dessous de la vérité plutôt que d'exagérer (EN 1127b4-7).

Après avoir défini l'attitude juste quant à la matière d'estimer nos propres qualités (pensons à la manière dont nous recevons les compliments), Aristote évoque les deux attitudes qui ne sont pas équilibrées : la vantardise et la réticence. Elles peuvent cacher une fausse modestie.

Quelqu'un qui dit avoir plus qu'il n'a pour aucun motif [de réputation ou de gains par exemple] a certainement l'air méprisable – sinon il ne prendrait pas plaisir à mentir –, il donne l'impression plutôt d'être stupide que méchant. Quelqu'un, par contre, qui exagère ses qualités pour avoir réputation ou honneur ne doit pas être considéré comme un vantard méchant. S'il le fait pour l'argent ou les moyens de s'en procurer, c'est davantage blâmable (EN 1127b10-14).

Ceux qui se sous-estiment en paroles apparaissent meilleurs moralement. Ils ne cherchent ni le gain ni à se mettre en avant. Ils ne veulent pas la réputation [...]. Par contre, ceux qui nient avoir des petites qualités, et des qualités qu'ils ont manifestement, sont des prudes. On les méprise plus rapidement. En effet, nier ce qui est évident est parfois une forme de vantardise (EN 1127b23-28).

Aristote s'intéresse aussi à la manière dont l'homme se détend avec d'autres : fait-il preuve d'un caractère enjoué ou au contraire d'un esprit grincheux ? Est-il excessif à la manière d'un bouffon ? La détente n'est-elle pas une autre forme de repos, certes différente du repos de la contemplation ? Mais il y a matière à vertu parce qu'il y a là une situation éminemment humaine.

Dans la vie, il y a des moments de détente où l'on s'amuse. Dans ce domaine, donc, il y aura des façons d'agir correctement, de dire et d'écouter de bonnes choses, de la façon qu'il le faut... Ceux qui agissent par excès en cherchant à faire rire sont considérés comme de vulgaires bouffons. Ils cherchent avant tout à faire rire, et rien ne les arrête. Peu importe ce qu'ils disent, ils ne s'inquiètent pas de ce qui est inapproprié, ni de ce qui peut blesser la victime d'une rigolade. Ceux, au contraire, qui ne cherchent jamais à faire rire, et même sont irrités quand d'autres le font, apparaissent ennuyeux et grincheux. Ceux qui plaisantent d'une façon appropriée sont appelés des gens d'esprit, ou si l'on veut, ils ont l'esprit vif (EN 1127b37-1128a11).

Accomplir son humanité : la magnanimité

L'homme qui a intégré toutes les vertus : courage, tempérance, amabilité, générosité… est vraiment au sommet du bonheur moral, c'est-à-dire du bonheur tout court. C'est le plus heureux des hommes parce que son humanité est vraiment accomplie et rayonnante. Aristote appelle *magnanimité* cet épanouissement de l'homme qui a intégré toutes les vertus comme des dispositions intimes et quasi naturelles.

Aristote ne passe pas beaucoup de temps à décrire les deux excès dont cette vertu représente le juste milieu. Le *vaniteux* qui se croit digne de grands honneurs est en réalité un *sot* qui s'ignore. Il cherche à se montrer *grand*, porte des vêtements luxueux, mais il est vide à l'intérieur, et tout le monde voit qui il est en réalité (EN 1125a27-32). La *pusillanimité*, en revanche, est une forme de vice plus répandue et plus mauvaise. L'homme pusillanime est capable mais n'ose pas agir, il manque de confiance en lui, il est envahi par la peur.

La magnanimité n'est pas à comprendre comme une vertu supplémentaire, mais comme une vertu récapitulatrice de toutes les autres, et qui en est comme le rayonnement.

> *La magnanimité semble être une sorte d'ornement des vertus. Elle les rend meilleures et elle ne peut exister sans elles* (EN 1124a1-3).

Le magnanime est l'homme le plus autonome, il n'a pas besoin des autres, il ne se soucie pas de ce qu'on pense de lui. Il est comme au-dessus de cela. Son grand souci, c'est le bien, l'excellence morale. Il connaît sa valeur. Parce qu'il est capable de grandes choses il attend une reconnaissance et des honneurs, mais il en est vraiment digne. Le magnanime est alors un homme parfait.

> *Le magnanime – parce qu'il est digne des plus grandes choses – est le meilleur des hommes* (EN 1123b17).

Aristote a aimé décrire ce grand homme magnanime. Est-ce pour lui un idéal, plus ou moins atteignable ? Avait-il un modèle auquel il pensait ? De toute façon, pour lui, c'est un homme grand, un homme capable qui ne s'abaisse pas à de petites choses. Il est un peu comme un dieu, supérieur au commun des mortels. À travers l'histoire, peut-être y a-t-il eu de tels hommes.

> *L'homme magnanime n'affronte pas des dangers pour des causes sans grande importance. Il les affronte pour des motifs importants, et quand il s'expose ainsi il n'épargne pas sa propre vie, car il ne pense pas qu'il faut garder sa vie à tout prix. Il aime faire le bien, mais il trouve honteux d'en recevoir. Car faire le bien est une marque de supériorité, le recevoir une marque d'infériorité* (EN 1124b7-12).

> *Quand l'homme magnanime rencontre des gens fortunés ou de grande réputation, il fait valoir son importance. Car se montrer supérieur à eux est difficile et impressionnant. Quand par contre il rencontre des gens ordinaires, il sait garder la modestie. Car il est facile de se montrer supérieur à eux. En effet chercher à impressionner des inférieurs est vulgaire. C'est une manifestation de puissance par rapport à la faiblesse* (EN 1124b19-23).

> *L'homme magnanime ne cherche pas les honneurs communément recherchés, ni les lieux où d'autres sont en première place. Il ne s'active que pour les grands honneurs ou des choses très importantes. Ses activités sont peu nombreuses, mais elles sont de grande importance et de renommée* (EN 1124b23-25).

L'homme magnanime recherche plutôt la vérité que l'opinion des autres. Il parle et agit au grand jour car il méprise tout ce qui n'est pas dit ouvertement. Il aime dire la vérité. Il ne laisse personne décider de sa vie – sauf un ami – , car cela impliquerait une faiblesse.

L'homme magnanime n'est pas enclin à admirer [les autres], car il ne trouve pas d'autres qui soient grands. Il ne se souvient pas des torts qu'on lui a faits, car il ne nourrit pas de ressentiment… il est au-dessus de tout cela. Il n'aime pas les ragots. Il ne parlera pas de lui-même, ni des autres, car il ne cherche pas les éloges, ni à blâmer autrui ou à faire des éloges. Il ne dit pas du mal de ses ennemis, sauf quand il est agressé ouvertement (EN 1124b27-1125a9).

L'homme magnanime évite particulièrement de se lamenter ou de quémander, surtout des choses insignifiantes ; car ce sont les gens qui prennent trop à cœur ces choses qui agissent ainsi. Le magnanime possède des choses belles et inutiles plutôt que des choses utiles et avantageuses. Cela est plus conforme à une personne qui se suffit à elle-même (EN 1125a10-13).

Un tel homme ne passe pas inaperçu, il se reconnaît à son allure physique !

L'homme magnanime a une démarche lente, une voix grave et un langage posé. Comme il ne se soucie pas de trop de choses, il n'est pas stressé. Comme il accorde de l'importance à peu de choses, il n'est pas dans un état d'excitation (EN 1125a13-14).

À première vue, on peut croire que cet homme magnanime est un grand orgueilleux. Il cherche à être parfaitement accompli. Au fond, ne cherche-t-il pas sa propre grandeur et sa perfection ? Nous verrons un peu plus loin que ce n'est pas le cas. L'orgueilleux se met au centre du monde. Il n'est pas pour autrui. Alors que, pour Aristote, le magnanime est pour autrui, mais d'une façon grande et noble.

La vertu de justice

Après la magnanimité, est-il encore possible d'ajouter une vertu ? Oui, si l'on regarde la relation avec l'autre, qui a besoin elle aussi d'être rectifiée. C'est pourquoi Aristote considère en dernier la vertu de justice, qui n'implique pas seulement notre propre perfection ou notre propre accomplissement, mais la manière dont nous allons vivre et œuvrer pour les autres dans la cité.

> *La justice [légale] est une vertu complète, non pas d'une façon absolue mais par rapport à autrui. C'est pourquoi la justice est souvent considérée comme la plus excellente des vertus, et ni l'étoile du soir ni l'étoile du matin ne sont*

ainsi admirables. Nous disons alors avec le proverbe : « Dans la justice, toutes les vertus se retrouvent » (EN 1129b26-29).

Et elle est une vertu parfaite au plus haut point, car elle est l'exercice de la vertu complète. Et elle est parfaite, car celui qui la possède peut l'exercer en vue d'autrui, et non seulement en vue de lui-même. Beaucoup, en effet, sont capables d'exercer la vertu dans leurs propres affaires, mais sont incapables de le faire en vue des autres. C'est pourquoi le proverbe de Bias, « le commandement montrera l'homme », est considéré comme vrai. Car le gouvernant agit en vue d'autrui et dans la communauté. C'est pour cela que, selon l'opinion générale, la justice, seule parmi toutes les vertus, est un bien relatif à autrui, parce qu'elle est en vue d'autrui. Elle accomplit ce qui est utile à un autre, soit à un chef, soit à un membre de la communauté. Ainsi, le pire des hommes est celui qui exerce sa malice par rapport à lui-même et à ses amis [et aux autres]. L'homme le meilleur n'est pas celui qui est vertueux en vue de lui-même, mais celui qui l'est en vue d'autrui : car c'est là une œuvre difficile (EN 1129b30-1130a8).

Cette vertu qui s'exerce à l'égard d'autrui structure la vie de la cité, notre communauté politique par excellence. Dans une famille, on vit ce rapport avec autrui selon une certaine justice non écrite ; elle va de soi pour ceux qui veulent vivre heureux ensemble. À l'échelle de la cité, ce rapport avec autrui demande à être codifié par des lois. La loi est, ou devrait être, l'expression de la justice, c'est-à-dire au minimum l'expression d'un certain respect de l'autre. Aussi, dans un premier sens, être juste c'est observer la loi.

> *Puisque l'injuste est celui qui viole la loi, et le juste celui qui obéit à la loi, il est évident que tous les actes légaux sont, en quelque manière, justes. En effet, ce qui est déterminé par la législation [la loi positive] est légal [...]. Les lois se prononcent sur toutes choses, et elles visent l'intérêt commun, soit de tous les citoyens, soit de ceux qui sont au pouvoir parce qu'ils sont les meilleurs ou pour quelque autre critère. Ainsi, en un sens, nous appelons justes les actions qui produisent ou conservent le bonheur et ce qui est nécessaire au bonheur, pour la communauté politique* (EN 1129b11-18).

Aristote, comme tous les Grecs, a une idée très haute de la loi. Elle doit encourager à la vertu parce que le bien et le respect d'autrui en dépendent. Ainsi la médisance ou l'adultère sont des fautes contre la justice, et la loi doit les empêcher.

> *La loi commande d'accomplir des actes courageux (ne pas abandonner son poste...), les actes de l'homme tempérant (ne pas commettre l'adultère...) ceux de l'homme doux (ne pas*

frapper un autre, ni médire de quelqu'un) (EN 1129b19-23).

Voilà qui peut choquer notre mentalité habituée à séparer le domaine *privé* et le domaine *public*, et à légiférer en fonction du *droit des individus*. Avec Aristote, on se situe bien avant l'époque moderne et loin de cette mentalité individualiste. Être citoyen est la qualité de l'homme libre. C'est une chance de participer à la vie de la cité. La loi doit favoriser la vie ensemble et ainsi encourager la vertu, les deux aspects sont inséparables.

Cependant, certains aspects des lois semblent artificiels et relatifs. Pourquoi rouler à gauche plutôt qu'à droite ? Les sciences humaines sont allées très loin dans l'étude des mœurs des sociétés, montrant que, d'une civilisation à l'autre, c'est souvent le grand écart. Ce qui est juste chez les uns ne l'est pas chez les autres. C'est pourquoi Aristote distingue la *justice naturelle* de la *justice positive*. L'homicide et le vol sont injustes toujours et partout. Par contre, obéir aux feux tricolores dépend de la justice positive.

La justice politique est en partie naturelle et en partie conventionnelle. Est naturelle celle qui a partout la même force et qui ne dépend pas d'une opinion ou d'une autre. Est conventionnelle celle qui dans son principe est indifféremment ceci ou cela, mais qui, une fois établie, n'est pas indifférente : par exemple, que la rançon d'un prisonnier est une certaine somme d'argent, ou qu'on sacrifie une chèvre et non deux moutons, et en outre toutes les dispositions législatives portant sur des cas particuliers, par exemple le sacrifice en l'honneur de Brasidas et les prescriptions prises sous forme de décrets (EN 1134b18-24).

Et Aristote note que certains de ses prédécesseurs, des sophistes, soutiennent que les prescriptions de la loi positive sont toujours contraires à la justice naturelle, fondée sur la force. Pour eux, l'injustice est la loi de la nature, et la justice le résultat d'un contrat entre les hommes. L'opposition de la nature et de la loi était devenue un lieu commun de la sophistique[1].

Mais, pour Aristote, comme pour Platon, la justice naturelle n'est pas assimilable à la loi de la force. Il y a ambiguïté autour du mot « nature ». La nature chez Aristote ne signifie pas l'état d'un être livré à sa spontanéité, mais l'essence profonde de l'être. Aussi la justice

1. *Éthique à Nicomaque*, traduit et commenté par J. Tricot, Vrin, Paris. Dans l'édition de 1979, voir la note 2 sur EN 1134b24, p. 251.

naturelle doit-elle se comprendre comme la plus proche des aspirations du *logos*. Et parce qu'elle s'impose à tous ceux qui possèdent le *logos*, elle est, pour le genre humain, universelle. Elle a partout la même force.

Cette distinction entre la loi naturelle et universelle et la loi positive est précisée dans deux textes de la *Rhétorique* :

Je dis qu'il y a une loi particulière et une loi commune : la première est celle déterminée par chaque peuple, et elle s'applique à ses membres ; elle est en partie écrite, en partie non écrite. La.

loi universelle est la loi selon la nature. Car il y a, comme tous les hommes le devinent, une justice et une injustice naturelles, qui leur sont communes. C'est manifestement ce que l'Antigone de Sophocle veut dire quand elle dit que l'enterrement de Polynice était un acte juste, malgré l'interdiction. C'était un acte juste par nature : « Ce n'est pas d'aujourd'hui ni d'hier mais de tout temps que ces lois existent, et nul ne sait quelle est leur origine » [Antigone, 456-457]. *Et lorsque Empédocle nous ordonne de ne pas tuer des vivants, il dit que cela n'est pas juste pour certains et injuste pour d'autres, mais que c'est une loi qui s'étend à tous, « s'étendant à travers les immensités du ciel à la lumière infinie... »* (Rhét. 1373b1-b17).

Il faut y insister : les principes de l'équité sont éternels et immuables, et la loi universelle ne change pas non plus, car c'est une loi de nature ;

par contre, les lois écrites changent souvent (Rhét. 1375a30-32).

La justice naturelle

La justice naturelle est donc le fondement de la justice légale. Elle est partout la même, elle est universelle. Elle est le fondement de la morale. C'est bien pour cela que l'homicide, l'adultère et le vol sont partout et toujours condamnables (EN 1107a11).

Aristote s'oppose alors aux sophistes, qui considèrent que la plupart des hommes suivent leurs passions et cherchent leurs propres intérêts, preuve que, par nature, ils sont injustes, pensent-ils. C'est la loi légale qui les oblige à être justes.

Objection puissante. La vision aristotélicienne en revanche est optimiste. L'être humain est fait pour le bonheur. C'est bien cela son inclination la plus profonde. Il est doué de raison, et donc capable par nature de se diriger. Aristote reconnaît évidemment que la plupart des hommes suivent leurs passions. Il le constate. Mais d'où vient ce mal ? Aristote ne cherche pas à répondre. Il affirme que l'homme peut, avec de bonnes lois, de bonnes dispositions, une bonne éducation et de bons choix, atteindre ce bonheur, quoique à travers des luttes.

Mais qu'est-ce qui est naturel ? La façon dont Aristote parle de la femme, inférieure à l'homme et faite pour obéir (Pol. 1260a12), et de l'homme, fait pour commander, ou de l'esclave par nature, montre combien Aristote était enfermé dans la culture de son époque. Pour lui, l'esclave est un être incapable de raison et de choix délibéré (Pol. 1280a33). Il est une sorte de *déficient intellectuel* qui n'est pas vraiment un homme à part entière. Il a été fourni par la nature pour l'accomplissement du travail manuel afin de laisser à d'autres hommes « libres » la possibilité de vaquer aux choses plus nobles. L'esclave est un instrument animé, propriété de l'homme libre, une sorte de prolongement de son corps (Pol. 1254a9 et suiv.). D'autres textes, cependant, semblent aller dans le sens contraire. Aristote y parle de la possibilité d'affranchir des esclaves et de leur donner la liberté comme récompense (Pol. 1330a32). Dans son testament, il laisse même des instructions pour l'affranchissement des esclaves qui furent à son service[1]. Ailleurs, il évoque l'escalve qui, en tant qu'homme (EN 1161b5-8), peut être l'ami de l'homme libre et il présente l'esclave et la femme comme des êtres capables d'exercer

1. Cf. E. Barker, *The Politics of Aristotle*, « Introduction », p. XXIII, Oxford University Press, Londres, 1952.

des vertus de courage, de tempérance et de justice, mais toujours dans la limite de leurs tâches (Pol. 1260a20-25)[1]. Pour le moins, Aristote est ambigu sur cette question.

Peut-être était-il tiraillé entre ce qu'il voyait comme une évidence culturelle – reconnue par tous – et une intuition personnelle de la vertu de certains esclaves, révélant leur humanité. Ce qui est certain, c'est que l'économie et le fonctionnement des cités grecques dépendaient de l'existence des esclaves. Affirmer leur humanité pleine et entière risquait de bouleverser tout le système de l'époque. Aristote pouvait-il créer une telle révolution ?

S'il y a beaucoup d'ambiguïté dans la notion de droit naturel et universel chez Aristote, il a néanmoins posé un principe fondamental, ce même principe évoqué par Antigone et qui remonte aux âges anciens. Il a resurgi de nos jours, sous une autre forme, dans la Déclaration des droits de l'homme de 1948. Mais en raison de sa culture, en raison peut-être aussi de son désir de ne pas provoquer de trop grands bouleversements politiques, Aristote

1. Sur l'esclavage, Alfred Gomez-Muller, dans *Chemins d'Aristote* (éd. Felin, Paris, 1991, p. 120), insiste sur les textes où Aristote affirme l'infériorité radicale de l'esclave, mais laisse dans l'ombre ceux où Aristote affirme son humanité. E. Barker (*op. cit.*) est beaucoup plus nuancé sur ce point.

n'a pas pu affirmer l'égalité du droit de chaque personne humaine.

L'homme juste, celui qui obéit volontairement à la loi

Si donc l'homme juste est celui qui observe la loi *correctement établie*, la vertu de justice, comme son opposé, le vice d'injustice, implique qu'on agisse volontairement. Aristote distingue trois formes de fautes ou erreurs morales :

> *En certains de nos actes volontaires nous agissons à partir d'un choix délibéré, en d'autres sans ce choix [...]. Il y a, dès lors, trois façons d'agir en faisant du tort dans nos rapports à autrui.*
>
> *Il y a d'abord des fautes faites par ignorance [...]. Il y a ensuite des actes faits avec connaissance, mais sans délibération préalable. Ce sont des actes injustes faits sous la poussée des passions [...]. Il y a aussi des actes qui procèdent d'un choix délibéré. Celui qui agit ainsi est injuste et méchant* (EN 1135b7-25).

Avoir la vertu de justice, c'est-à-dire être pleinement humain, n'est donc pas seulement agir selon la loi. Il ne s'agit pas d'obéir à la loi par désir de *paraître bien* ni par peur d'être puni ou d'être vu comme coupable si on la transgresse, mais parce qu'il est bien d'agir ainsi et, encore plus, parce que l'on désire que les autres dans la cité s'orientent vers le bonheur. L'homme le plus parfait et donc le plus heureux est celui qui a atteint une réelle maturité morale et humaine. Il a intégré la loi. Il n'a plus de difficultés et de combats pour contrôler ses passions, mais il est mû par le désir que la cité soit un lieu de paix et que ses concitoyens atteignent le vrai bonheur.

La justice du chef

Maintenant, si nous examinons la loi en amont, du côté de celui qui la médite et la prépare, la vertu de justice est encore plus nécessaire. Comment les lois seraient-elles justes si le souci de la justice n'habite pas l'esprit du législateur ? Aristote développe toute une série de remarques sur les qualités nécessaires à celui qui pense les lois.

De même celui qui gouverne doit-il d'abord se soumettre à la loi comme n'importe quel citoyen, car son autorité vient de la loi et non de son bon vouloir.

> *C'est pour cela que nous laissons la règle [*logos, *la loi] nous gouverner, et non un homme. Un homme tend à chercher son intérêt propre et à devenir un tyran. Mais le gouvernant est le gardien de ce qui est juste, et donc ce qui est de l'ordre de l'égalité. Si le gouvernant est juste il ne cherche pas son profit [...]. C'est*

pour cela, comme nous l'avons dit, que la justice est un bien pour autrui (EN 1134a35-b6).

Exercer le pouvoir selon la justice, en vue du bien de tous les citoyens, est une œuvre difficile. L'exercer pour soi, pour sa propre gloire, l'exercer pour se maintenir au pouvoir et avoir des privilèges, ou pour obtenir de l'argent et vivre de la corruption, sont bien sûr les grandes tentations de ceux qui sont au pouvoir. Quand il s'agit par exemple de distribuer les honneurs, la tentation peut être grande de céder au népotisme et de favoriser ses amis.

C'est justement une qualité de gouvernant de distribuer avec équité « honneurs, richesses et autres avantages entre les membres de la communauté politique » (EN 1130b30). Ce sens de l'équité, qui n'est pas la stricte égalité mais le sens de la proportion – à chacun selon ses mérites –, relève de la justice distributive.

Un sens supérieur de la justice

Avec beaucoup de finesse, Aristote décrit aussi une vertu particulière du chef, ou même du citoyen, qui est en quelque sorte au-dessus de la justice légale ou de la justice écrite. Non pas que le chef se juge au-dessus de la loi. Au contraire, il cherche à se conformer à l'esprit de la loi et c'est pourquoi il s'autorise à ne pas la respecter à la lettre. Cette vertu du chef s'appelle *epieikês*, souvent traduit par « équité », mais qui n'est pas la même chose que le sens de la distribution dont nous parlions plus haut. L'*epieikês* est une forme supérieure de justice, qui suppose un sens aigu du discernement.

Cette vertu de justice supérieure intervient parce que la loi est toujours d'ordre universel, elle ne peut ni connaître, ni prévoir, ni régler toutes les situations individuelles. Cette vertu peut donc aller à l'encontre de la loi écrite, et donc de la justice légale. Elle est néanmoins une vertu de justice, « tout en n'étant pas selon la loi [écrite] » (EN 1137b11). Dans ce cas « la loi demeure juste ; la faute n'est ni dans la loi ni dans la législation, mais dans l'objet lui-même qui n'était pas prévisible » (EN 1137b17). Celui qui agit ainsi selon sa conscience agit selon la justice. Sachant que le législateur aurait fait ainsi s'il avait connu cette situation particulière.

> L'epieikês, *tout en étant juste, n'est pas selon la loi, mais est une correction à la justice légale. La raison en est que toute loi est universelle, mais, sur certaines choses, il n'est pas possible de faire une prescription universelle qui serait droite [...]. Quand la loi parle d'une façon universelle et qu'un cas survient là-dessus en dehors de cette règle universelle, il est correct de dire ce que le*

> *législateur aurait dit s'il avait été présent* (EN 1137b11-23).
>
> *Il est donc clair que l'*epieikês *est juste et qu'elle est supérieure d'une certaine façon à la justice [écrite]. Celui qui a cette vertu accomplit des actions « équitables » et ne s'en tient pas rigoureusement à la justice légale dans le mauvais sens* (EN 1137b33-1138a2).

On voit ce que ce sens de l'exception à la loi peut avoir d'explosif. Qui va nous garantir que le chef ne crée pas des exceptions pour satisfaire ses désirs ? Même question pour celui qui se dispenserait de se conformer à la loi. Il est évident que cette vertu de l'*epieikês* ne peut être exercée que par des hommes intègres qui ont le souci de la vérité en morale. En même temps, c'est une vertu qui touche la matière propre de l'expérience morale : le concret. La loi est universelle, mais l'action toujours particulière. D'où la distorsion possible, mais aussi la place pour le jugement en prudence.

La vertu du juge : la justice corrective

Il y a encore un autre aspect de la justice qu'Aristote appelle *corrective,* et qui consiste à rétablir l'égalité : un rôle qui revient en dernier recours au juge, qui doit être en quelque sorte une justice vivante. Quand un homme a volé un autre, ou qu'il a détruit le bien d'un autre, il y aura un recours en justice. Le juge cherche alors à rétablir l'égalité.

Car, quand l'un est blessé et que l'autre a causé la blessure, ou quand l'un tue et que l'autre est tué, l'action et la passion [au sens de pâtir] sont divisées inégalement ; et le juge essaie de restaurer ce qu'on a perdu et de ramener à une position d'égalité, en retirant un profit de celui qui a fait le mal. Car, dans certains cas, on parle du profit *de celui qui a attaqué et blessé sa victime, même si ce n'est pas tout à fait le bon mot, et on parle d'une* perte *pour la victime qui a reçu la blessure. De toute façon, quand ce qu'on a souffert a été mesuré, d'un côté c'est une perte pour la victime, et de l'autre, un profit.*

De fait ces mots de perte *et de* profit *viennent des échanges volontaires, car avoir plus que son dû est appelé* faire un profit *et avoir moins que ce qu'on avait au début,* subir une perte, *par exemple quand on achète ou quand on vend et dans d'autres transactions permises par la loi. Et quand des gens reçoivent ni trop ni trop peu, mais exactement ce qui leur revient, on dit qu'ils ont vraiment ce qui leur est dû, et qu'aucun ne fait une perte ou un profit* (EN 1132a8-14).

C'est pourquoi, quand il y a une dispute, on va vers le juge. Un appel au juge est un appel pour ce qui est juste, car on voudrait que le juge soit une sorte de justice vivante ; en plus on cherche dans un juge un intermédiaire et dans certaines cités on les appelle les juges médiateurs (EN 1132a19-24).

Le sommet de la vertu sur le plan moral

Nous le voyons, la magnanimité et la justice sont comme un sommet sur le plan moral, comme la sagesse l'est sur le plan intellectuel. « Le magnanime est le meilleur des hommes », « la magnanimité semble être une sorte d'ornement des vertus. Elle les rend meilleures et elle ne peut exister sans elles ». Et, « la justice est une vertu complète [...] elle est la plus excellente des vertus » (EN 1129b26-29).

Si Aristote prend le sage et le magnanime comme deux exemples d'hommes vivant le bonheur le plus parfait possible, selon la mesure humaine, n'est-ce pas parce que, pour lui, le bien supérieur, le bonheur, est recherché pour lui-même et non en vue d'autre chose (EN 1097b14-16) ? Le bonheur se suffit à lui-même. L'homme heureux aussi, dans les limites de sa nature. Aristote ne peut concevoir que le bonheur d'un homme dépende d'autre chose que de son propre choix visant plus grand que lui. Le sage et le magnanime sont deux exemples d'indépendance.

Que le bonheur découle de l'intérieur de la personne est une évidence pour tous. Mais pourquoi Aristote donne-t-il ces exemples, qui paraissent si peu réalisables pour l'ensemble des hommes libres ? N'est-ce pas pour lui le but ou le chemin du bonheur total, le plus complet ? Tous ne peuvent être sages ou magnanimes, mais tous peuvent prendre conscience que la nature humaine se réalise quand on chemine vers ces vertus les plus nobles, tous peuvent y avoir part d'une certaine façon. Chercher à connaître Dieu avec la plus grande certitude et chercher à faire de grandes choses dans la cité, chacun selon sa mesure, voilà le bonheur.

5

Le temps de la croissance

Pour Aristote, la morale est une science pratique. Il s'agit d'aider les gens à grandir en humanité, en devenant bons, sages, justes et, pour tout dire, heureux. L'éthique n'est pas seulement quelque chose à apprendre, mais à vivre.

> *Notre présente étude ne cherche pas, comme les autres, à connaître. Notre but ici [en morale] n'est pas de savoir ce qu'est la vertu – sinon notre étude ne serait alors d'aucune utilité – mais de devenir bons. Il nous faut donc, de toute nécessité, réexaminer comment bien agir* (EN 1103b26-31).

Pour devenir juste, sage et bon, il n'y a pas d'autre moyen que de s'exercer à l'être, en réglant quotidiennement nos désirs spontanés, par le *logos*. « Les dispositions morales procèdent de la répétition d'activités qui leur sont similaires » (EN 1103b20). Un acte tempérant crée peu à peu la vertu de tempérance. Devenir un homme accompli et mûr demande de bonnes dispositions, dont une bonne santé, une bonne éducation, une option claire en faveur de la vie bonne et du vrai bonheur, et le désir de cheminer dans ce sens ; cela implique un travail sur soi, des efforts et des luttes pour voir clair en soi, orienter les passions vers le but le meilleur. Devenir un homme prend du temps.

Dans ce chapitre, nous allons réfléchir à la manière de croître en humanité. Comment faire naître en nous cette disposition intime de l'être qui rendra notre jugement et nos choix faciles et joyeux ? Comment cheminer pour que nos activités procèdent d'une vertu et pas seulement de la poussée de nos passions ?

I. Le chemin de l'acquisition de la vertu

Il n'y aurait pas de progression possible si, d'abord, la nature ne nous aidait pas. C'est par nature en effet qu'existent l'âme, le corps, et des dispositions naturelles pour penser et pour agir.

> *Les hommes ne sont pas philosophes par nature, par contre ils ont naturellement de bonnes dispositions et une capacité de comprendre et de juger. Un indice de cela, c'est que nous croyons que ces qualités viennent avec l'âge, et*

qu'à tel âge on doit avoir de l'intelligence et du bon sens, ce qui montre que la nature en est la cause (EN 1143b6-9).

Cette conception de l'homme est en définitive assez optimiste. Rien ne servirait de travailler les vertus s'il n'y avait pas à l'intime de nous-même cette connivence entre elles et nous.

Les vertus ne naissent en nous ni par nature, ni contre nature ; mais il nous est naturel de les acquérir et nous parvenons à leur plein accomplissement par l'habitude (EN 1103a23-25).

L'âme humaine

Pour nous faire comprendre comment l'homme va croître vers son humanité plénière et vers le bonheur, Aristote s'appuie sur sa vision de l'âme humaine.

Une partie de l'âme est privée de raison, l'autre la possède [...]. La partie non rationnelle, celle qui est cause de la nutrition et de la croissance, semble être commune aux végétaux et aux autres vivants (EN 1102a28-b1).

Une autre partie naturelle de l'âme semble privée de raison, mais elle participe en quelque manière à la raison (EN 1102-b13).

Aristote parle ici des désirs qui naissent spontanément à l'égard de la nourriture, de la boisson et des relations sexuelles. Ces désirs en eux-mêmes n'ont pas de *règle.* Ils ont besoin d'être imprégnés de raison pour être orientés comme il se doit, dans un but de maîtrise de soi et de justice.

Et Aristote ajoute que dans ces désirs,

> *il est évident qu'il y a en eux un autre élément naturel, étranger à la raison, qui lutte contre elle et lui résiste... Cette partie désirante participe en quelque manière à la raison, dans la mesure où elle l'écoute et lui obéit* (EN 1102b31).

Aristote voit dans l'âme humaine plusieurs puissances. Certaines viennent de l'esprit, d'autres du corps, et d'autres participent des deux. Comment l'aliment pénètre-t-il en nous et nous fait-il grandir ? Cela échappe à notre maîtrise. La raison n'y peut rien. L'âme se charge de régler les fonctions végétatives, sans consulter la raison. Ce domaine n'est pas ouvert à la liberté : « La partie végétative n'a rien de commun avec la règle » (EN 1102b29).

Au contraire, la partie désirante, qui est le terreau des passions, est *du corps* tout en étant ouverte *à l'esprit.* Elle peut prêter l'oreille au *logos.* « Elle semble privée de raison, mais elle participe, en quelque manière, à la raison » (EN 1102b13). En eux-mêmes les désirs tendent à être chaotiques. Soit excessifs, soit défaillants. Tel un cheval fougueux sans cavalier, ils sont en attente d'être dirigés. Le propre de l'homme, c'est de prendre possession de l'attelage et de le guider. D'orienter ces désirs, avec leur énergie bouillonnante, vers le but recherché. Il s'agit d'ouvrir cette partie désirante à la raison, au *logos*, afin qu'elle soit comme imbibée et imprégnée d'intelligence.

L'éducation et le plaisir

Dans tout ce travail, l'éducation est importante. C'est elle qui nous oriente avant que nous puissions prendre en main notre propre croissance. C'est elle qui est déterminante dans notre rapport au plaisir.

> *C'est le plaisir qui nous fait accomplir les actions mauvaises, et la peine qui nous fait nous abstenir des bonnes. Aussi faut-il dès l'enfance avoir été amené, comme dit Platon, à trouver joie et peine là où il convient : c'est cela la véritable éducation* (EN 1104b10-12).

> *Ce n'est pas sans importance d'acquérir dès la jeunesse telle ou telle habitude – c'est même très important, ou plutôt c'est de toute importance* (EN 1103b24-25).

Aristote donne des règles pour devenir vertueux. D'abord, il faut faire des actes vertueux. Il faut agir : « C'est en pratiquant les actions justes que nous devenons justes, les actions modérées que nous devenons tempérants » (EN 1103b1). Il ne s'agit pas de rester au niveau d'un savoir moral mais de *faire* des actes qui conduisent la passion à être soumise et inspirée par la raison, pour que l'énergie passionnée soit orientée là où il le faut. Cela implique parfois une lutte, car il y a des aspects dans la passion qui ne veulent pas être soumis. C'est seulement lorsque la lutte est terminée et que la passion est toute pétrie d'intelligence que l'on est devenu vraiment vertueux.

Il faut donc accomplir tout un travail de discernement concernant les plaisirs. Entre les plaisirs immédiats, sensibles, et les plaisirs plus nobles. En effet, la partie désirante de l'âme veut posséder l'objet désiré ; elle a une impulsion vers lui. Lorsqu'on a faim, on ressent un désir de nourriture ; il faut contrôler ce désir afin de manger ce qu'il faut, quand il le faut, et de la manière qu'il faut. Lorsqu'on a été agressé par quelqu'un, il ne s'agit pas de se laisser aller à une colère non contrôlée. Il faut maîtriser sa propre agressivité.

C'est donc un travail ardu d'être vertueux, puisqu'il est très difficile d'atteindre le juste milieu. Ainsi se livrer à la colère est une chose facile… mais le faire contre la personne qu'il faut, dans la mesure où il le faut et au moment où il le faut, pour le motif et la façon qu'il faut, n'est pas facile et n'est pas à la portée de tous. Donc agir ainsi est rare, louable et bien moralement.

Celui qui cherche à atteindre le juste milieu doit d'abord s'écarter de l'extrême contraire, et suivre le conseil de Calypso : « Hors de cette vapeur et de cette houle, écarte ton vaisseau. » Puisqu'un des extrêmes conduit davantage vers la faute que l'autre et puisqu'il est extrêmement difficile d'atteindre le juste milieu, nous devons, comme on dit, changer de navigation, *choisir le moindre mal [c'est-à-dire viser l'autre extrême]* (EN 1109a24-35).

En chacun de nous existe une tendance quasi naturelle qui nous pousse à un extrême : le trop ou le trop peu, que ce soit dans l'ordre de l'agir ou du désir. Pour trouver le juste milieu entre ces deux extrêmes, il faut apprendre à se connaître et se méfier du désir qui nous pousse vers l'un des extrêmes.

Nous devons considérer les choses pour lesquelles nous-même avons le plus fort penchant. Les uns tendent naturellement vers certaines choses et les autres vers telles autres. Nous le reconnaîtrons au plaisir et à la peine que nous ressentons. Il nous faut donc nous détourner nous-même vers l'extrême contraire. On arrive ainsi au juste milieu en s'éloignant beaucoup de la faute, comme ceux qui redressent une branche tordue (EN 1109b2-7).

Quand on sait que notre tendance, ou notre faute, est de trop parler de soi, d'être vantard, il convient de retenir sa langue en évitant de se mettre en avant, pour parler quand il faut, à qui il le faut et de la manière qu'il le faut. De même si on réalise qu'on a peur d'agir, qu'on manque de confiance en soi et qu'on est pusillanime, il faut faire des efforts dans le sens opposé pour être vraiment humain. Ce sont des conseils judicieux pour ceux qui désirent atteindre la maturité humaine.

En toutes choses enfin, il faut surtout se tenir en garde contre ce qui est agréable et plaisant, car nous ne le jugeons pas impartialement (EN 1109b8-9).

Encore un conseil judicieux ! Mais évidemment, Aristote ne parle pas ici de tout plaisir – car il y a, nous l'avons vu, de grands plaisirs procurés par des actions de bonté et de justice – mais des plaisirs qui entraînent loin de la vérité et du juste milieu. Et il poursuit :

Ainsi nous devons réagir par rapport aux plaisirs comme les anciens ont réagi par rapport à Hélène. À chaque occasion nous devons en répéter ce qu'ils disaient[1]*. Si nous agissons ainsi en renvoyant [ces plaisirs] nous serons moins sujets à l'erreur* (EN 1109b9-11).

Des actes vertueux à la vertu

C'est lorsque ses passions commencent à être soumises à la raison, imprégnées et dirigées par elle, que l'homme devient vertueux. Sa vie prend une direction. Il sait où il va. Il cesse d'être une girouette allant dans tous les sens, ballotté par ses passions. Il n'est plus tiraillé par des désirs différents qui le dispersent et l'entraînent vers des actes injustes. Alors, tout ce qui était latent en lui se développe. Son caractère devient peu à peu stable, il construit son unité intérieure. Son potentiel humain commence à se réaliser. Il apprend à agir et à agir en homme. Il s'ouvre alors aux autres.

1. « Non, il n'y a pas lieu de blâmer les Troyens ni les Achéens aux bonnes jambières, si, pour telle femme, ils souffrent si longs maux. Elle a terriblement l'air, quand on l'a devant soi, des déesses immortelles… Mais malgré cela, telle qu'elle est, qu'elle s'embarque et qu'elle parte ! qu'on ne la laisse pas ici, comme un fléau pour nous et pour nos fils plus tard ! » *L'Iliade*, t. I, p. 75, Éditions les Belles Lettres, traduction P. Mazon.

Tout cela prend du temps car les vertus ne viennent pas d'un coup. Bien des actes vertueux seront encore accomplis avec difficulté, en luttant contre des désirs opposés. Les actes sont vertueux, mais la vertu n'est pas encore là comme une disposition intime de l'âme, prête à agir. Lorsque enfin l'acte juste et vrai devient facile, source de plaisir, on peut alors être sûr qu'il procède de la vertu accomplie et parfaite. C'est bien pour cela qu'Aristote dit que la vertu est toujours en rapport avec le plaisir et la peine. Un acte vraiment vertueux est source de plaisir. Le signe de la vertu est alors le plaisir qu'on y prend.

> *Nous devons prendre comme signe de la présence des dispositions stables [des vertus] le plaisir ou la peine qui accompagne l'activité. Celui qui s'abstient des plaisirs corporels et s'en réjouit est tempérant, celui qui s'en afflige est intempérant. Celui qui fait face à des situations terrifiantes et s'en réjouit (ou du moins ne se laisse pas envahir par la peine) est courageux. Par contre il est lâche s'il n'éprouve que de la peine* (EN 1104b3-8).

Aristote n'élimine donc pas les désirs. Loin de là ! Pour lui, il s'agit de désirer les choses qu'il faut, quand il le faut et comme il le faut. La partie désirante est comme une énergie vitale qu'il faut orienter. Cette orientation est l'œuvre de la raison. Et tout cela prend du temps.

Il est intéressant de noter que, pour Aristote, il existe différentes espèces de désirs. Citons d'abord les désirs de nourriture, de boisson, de relations sexuelles, qui doivent être réglés par la raison pour que l'homme soit maître de lui-même et tempérant. Il y a aussi des peurs en lui qui doivent être réglées afin qu'il soit courageux et tienne bon dans l'adversité. Ce sont les passions classiques. Mais d'autres formes de désirs, plus subtils, tournent autour du désir de donner sans réflexion et sans vouloir le bien de l'autre, d'apparaître important ou de rechercher le regard d'amis flatteurs ; celles liées au désir d'être reconnu, ou au désir d'une « réussite » sociale à tout prix, en dehors de toute vérité et de justice. Aristote parle aussi d'autres désirs qui poussent à l'avarice, à la pusillanimité – commandée par la peur ou l'insécurité –, preuve que l'on manque de confiance en soi, que l'on a peur du conflit, que l'on se cache, et que l'on se ferme sur soi. Vouloir toujours donner, donner trop, à contretemps, et de façon répétitive, en dehors de tout bon sens, relève typiquement de ce qu'on appelle la *compulsion*. Aujourd'hui, les sciences humaines en ont fait la théorie. Ne faudrait-il pas approfondir et voir comment ces dernières formes de désirs se rattachent soit à la partie désirante de l'âme, soit à ce qu'on nomme « agressivité » ou « colère » ? Aristote, en effet, dit que « l'appétit irrationnel est double : la colère et la convoitise » (Rhét. 1369a5).

Savoir choisir

Se réaliser et s'orienter vers le bonheur humain demande qu'on fasse des choix. Le choix délibéré est au cœur de la morale aristotélicienne et au cœur de la réalité humaine. « L'élément décisif de la vertu est le choix délibéré » (EN 1163a23). Il implique la liberté. L'acte vraiment choisi procède de l'intérieur de l'être humain ; il n'est pas forcé ou contraint par la peur ou des circonstances extérieures. Il est un acte libre.

> *Si l'homme est bien l'auteur de ses propres actions, comme il est l'auteur de ses propres enfants, et si nous ne pouvons pas ramener nos actions à d'autres principes que ceux qui sont en nous, alors les actions dont les principes sont en nous dépendent elles-mêmes de nous et sont volontaires* (EN 1113b 19).

Désirer le bonheur n'est pas objet de choix, c'est une tendance naturelle et spontanée. Le choix intervient quand on *veut* activement être heureux, et qu'on se porte vers tel moyen qui, estime-t-on, va nous faire cheminer vers le bonheur. On peut bien entendu choisir un bien qui ne procure qu'un plaisir passager, par faiblesse ou par ignorance, en se laissant emporter par des passions déréglées.

Pour Aristote, l'être humain se construit à travers des choix qui structurent sa personnalité en faisant de lui un être humain complet (ou incomplet). On ne peut pas être moral sans un espace de liberté. Aristote note cependant que les esclaves n'ont pas le même espace de choix et de liberté que l'homme libre, le citoyen. Parce qu'ils sont sous une autorité, les esclaves ne peuvent pas choisir ce qui est le plus grand dans l'être humain. Mais, à leur mesure, ils peuvent acquérir la vertu qui leur est propre.

Qui sont les esclaves de notre époque, ceux dont l'espace de liberté est amoindri ? Nous pensons spontanément aux immigrants ou aux pauvres, qui ne peuvent faire de vrais choix. Songeons aussi aux « cadres » de certaines entreprises, qui, pris dans un mouvement de société, de culture, subissent le travail plus qu'ils ne le choisissent. Ils ont besoin de rémunérations importantes pour vivre selon un certain train de vie, ou peut-être rembourser des dettes. Quand arrive le soir, et une fois rentrés chez eux, beaucoup de ces cadres sont trop fatigués pour faire autre chose que de regarder la télévision ; ils subissent la télévision. À quel moment font-ils des choix réels ?

Pour cheminer vers le vrai bonheur humain, il s'agit d'être responsable de sa propre vie et d'agir en toutes circonstances en fonction d'un choix libre : choisir la vérité au-delà de tout mensonge et de toute illusion ; choisir la justice en tenant compte des autres ; choisir son bien. Ne pas agir uniquement en fonction de ses intérêts personnels et de sa gloire, ni refuser d'agir par peur ou par paresse. Et, rappelons-le, choisir implique des deuils. Si on choisit une femme ou un homme comme épouse ou époux, on renonce à des milliers d'autres ! La vie se fait en faisant des choix. C'est ainsi qu'on trouve son identité. Si on choisit d'œuvrer pour la cité – ce qui, pour Aristote, est une œuvre hautement humaine car on agit pour le bien des autres –, cela implique qu'on choisisse des études appropriées, qu'on accepte d'être guidé et d'avoir des modèles et qu'on s'engage progressivement dans des actions politiques et sociales pour acquérir de l'expérience ; qu'on refuse la corruption, le pouvoir à tout prix et toute forme d'injustice. Tout cela prend du temps et exige des efforts.

Chacun met le bonheur dans des choses différentes. C'est pourquoi il faut prendre le temps de réfléchir, d'apprendre peut-être la science morale, afin de *choisir* le *vrai* bonheur humain. Ne pas se laisser influencer par les valeurs ambiantes pour « faire comme tout le monde », ne pas se laisser dévier par des plaisirs superficiels ou par des maîtres – des sophistes – qui donnent un enseignement loin de la vérité. Il s'agit donc de prendre sa vie en main, de choisir et de bien choisir. Et puis d'être conséquent avec ses choix. Aristote note que le choix ne se situe pas seulement dans une activité qui vise un certain bien, il est aussi celui du refus (le non-choix) d'une activité. Ne pas choisir est un choix.

> *Quand agir dépend de nous, ne pas agir dépend de nous ; quand le « non » dépend de nous, le « oui » aussi dépend de nous* (EN 1113b8).

S'il y a des hommes déréglés qui choisissent l'intempérance et des actes contre la justice, il y a aussi des hommes qui sont plus ou moins maîtres d'eux-mêmes ; ils ne peuvent faire des choix. Certains ont une maladie mentale ou une faiblesse psychologique ; ils sont incapables d'introduire la raison dans la passion ; ils sont possédés par la passion. D'autres, par contre, manquent de force, de volonté ; ils souffrent de mollesse ; ils succombent facilement à la tentation. Cette mollesse ou cette faiblesse de la volonté se manifestent par l'intempérance et la colère, et par d'autres formes d'actes contraires à la bonne conduite. Finalement, certains sont vraiment pervers ou bestiaux. Mais, heureusement, ils sont rares parmi les hommes, dit Aristote, qui, avec ses préjugés grecs, ajoute : « Ils se trouvent surtout chez les Barbares » (EN 1145a30).

Dans ce dernier groupe, Aristote cite des exemples horribles qui, hélas, continuent de se reproduire à notre époque, peut-être selon des modes différents, dans les camps de concentration nazis, dans les goulags, ou lors des génocides perpétrés au Rwanda et dans les Balkans.

> *Or il y a des états bestiaux comme dans le cas de la femme qui, dit-on, éventre les femmes enceintes et dévore leurs enfants, ou encore ces plaisirs des gens sauvages qui, dit-on, mangent des viandes crues ou de la chair humaine… D'autres états ont pour origine la maladie ou des crises de folie, comme dans le cas de cet homme qui offrit sa mère en sacrifice aux dieux et la mangea, ou celui de cet esclave qui dévora le foie de son compagnon. D'autres états encore sont des propensions morbides résultant de l'habitude, par exemple, s'arracher les cheveux, se ronger les ongles ou même manger du charbon et de la terre, et pratiquer l'homosexualité. Ces pratiques sont le résultat, dans certains cas, de dispositions*

naturelles, et dans d'autres, de l'habitude, comme chez ceux dont on a abusé dès leur enfance (EN 1148b20-31).

En effet, tout excès d'insanité ou de lâcheté ou d'intempérance ou d'irritabilité révèle soit un trait de bestialité, soit un état maladif. Un homme constitué naturellement à avoir peur de tout, même du bruit d'une souris, est un lâche mais d'une lâcheté animale. Tel homme qui a peur des belettes l'est à la suite d'une crise maladive. Parmi les insensés, ceux qui par nature sont privés de raison et vivent seulement selon les sens, comme certaines tribus barbares éloignées, se comportent aussi comme des animaux. Par contre, ceux qui sont insensés à la suite de maladies, de l'épilepsie par exemple, ou par un accès de folie, sont des êtres maladifs (EN 1149a5-12).

La prudence

Le choix implique aussi qu'on voie clair et qu'on soit capable de saisir, dans la réalité concrète, le moyen le meilleur pour atteindre la fin recherchée. Cette capacité intellectuelle, Aristote la nomme *phronêsis*, la prudence.

Dans la langue courante, l'homme prudent est celui qui est un peu inquiet, ou timide, il a peur de prendre une décision, il n'ose pas courir de risques. Pour Aristote, par contre, l'homme prudent sait prendre des décisions et des risques pour atteindre la fin désirée. La prudence est, en ce sens, une forme de sagesse pratique, une sagesse de vie.

> *De l'avis unanime, l'homme prudent est capable de bien délibérer sur ce qui est bon et avantageux pour lui [...] afin de bien vivre* (EN 1140a25-28).

> *La prudence est une vertu qui saisit la vérité – donc elle implique la raison – dans ce qui regarde une activité tournée vers le bien ou le mal pour l'homme* (EN 1140b5).

Cette vertu permet à l'homme de bien délibérer non seulement pour lui-même, mais aussi pour les autres dans la cité. C'est pour cela qu'il y a une prudence politique.

> *Nous estimons Périclès et ceux qui lui ressemblent comme des hommes prudents, car ils ont la capacité de saisir ce qui est bon pour eux-mêmes et ce qui est bon pour les autres. Tels sont les gens qui gouvernent dans une maison ou dans une cité* (EN 1140b6-11).

La prudence est alors impliquée dans chaque vertu. L'homme courageux sait quand il faut partir à l'assaut – c'est une question d'intelligence pratique –, et il mesure jusqu'à quel point il doit tenir bon. L'homme tempérant sait ce qu'il lui faut manger et boire pour ne pas se laisser dévier de la fin recherchée. Ce jugement pratique précède le choix. En effet, quand on voit clair sur ce qu'il faut faire et comment on doit le faire, on est alors en mesure de faire le bon choix.

Aristote note que les vertus sont inséparables les unes des autres. « Dès que l'homme a la prudence qui est une vertu, il a toutes les vertus » (EN 1145a2).

Pour être un homme heureux, on doit savoir non seulement où l'on va, mais aussi comment l'on y va. Certains ont une vision juste pour la société, et pour eux-mêmes, mais ils sont un peu coupés de la réalité pratique, ils ne savent pas comment cheminer vers le but recherché. Ils sont idéalistes, ou du moins enfermés dans leurs idées. Ils ne savent pas quel est le premier pas à faire, ou ils n'osent pas se mettre en marche. Ils n'ont pas la vertu de prudence. D'autres ont une bonne intuition sur ce qu'il faut faire, mais sans savoir où cela va les mener. Ce sont des pragmatiques, inconscients des conséquences possibles ou probables de leurs actions. Ils possèdent du flair mais pas la vertu de prudence.

La prudence, en fin de compte, est en vue de l'activité la meilleure qui relève soit de la sagesse philosophique, soit de la vertu de justice.

> *La prudence n'est pas supérieure à la sagesse, ni à cette partie la meilleure en nous, de même que la médecine n'est pas supérieure à la santé. En effet, la prudence n'utilise pas de sagesse, mais elle veille à la faire naître. Elle [la prudence] commande donc en vue de la sagesse, mais elle ne lui commande pas* (EN 1145a6-9).

Cette vision de la morale et de l'être humain peut donner l'impression qu'Aristote veut que nous soyons très sérieux et austères. Si la prudence est en vue de la sagesse, nous restons néanmoins des êtres humains. Il s'agit d'exercer la sagesse et la justice comme des hommes qui ont une famille, des amis, qui prennent plaisir à la nourriture et au bon vin ; qui savent rire et faire rire, qui aiment la beauté et tout ce qui est humain.

Aristote, en insistant sur cet aspect intellectuel contenu dans la morale, nous encourage à prendre du temps pour réfléchir non seulement sur ce que nous voulons de la vie, le but que nous voulons nous donner, mais aussi sur les moyens les meilleurs pour l'atteindre.

N'est-ce pas pour cette raison qu'Aristote décrit l'homme magnanime comme un homme qui n'est pas stressé ? Il prend le temps de bien choisir. Il ne s'éparpille pas dans les détails, il ne court pas à droite ni à gauche. Il choisit de faire ce qui a le plus d'importance.

Savoir ce qu'on veut faire de sa vie se précise avec le temps, de même qu'il faut du temps pour voir plus clairement les meilleurs moyens en vue d'atteindre la fin recherchée. Devenir un homme structuré, stable et bien orienté – Aristote dit vertueux – prend du temps. Le choix et la prudence seront différents pour un jeune et pour un homme mûr. Il s'agit de croître peu à peu dans la vertu et dans la conscience qu'on peut avoir de la fin recherchée, et donc du bonheur.

Il y aura donc des étapes dans la croissance.

Certains interprètes d'Aristote matérialisent sa pensée en donnant trop de place au juste milieu. Pour eux, la morale aristotélicienne est une morale d'équilibre, selon l'inscription de Delphes, « rien de trop ». Pour un Grec, la démesure était alors ce qu'il y avait de plus mauvais. Être accompli signifiait être beau non seulement physiquement – la beauté du corps avait une grande importance chez les Grecs – mais aussi moralement. Le bonheur était d'être un « bel homme » dans tous les sens du terme.

Cela est partiellement exact, mais tend à laisser dans l'ombre un aspect fondamental de la morale d'Aristote : le bonheur est une *activité* faite en vue d'un but. Et plus l'activité est grande et belle – spécifiée par son objet –, plus le bonheur est intense. Insister trop sur l'aspect de la beauté et de l'équilibre risque de présenter le bonheur comme une satisfaction narcissique de soi. Comme si on pouvait être heureux en se contemplant dans un miroir.

La morale d'Aristote, une morale du désir et de la fin

Un homme est accompli s'il agit pour une fin qui est bonne. C'est toujours la fin, ou l'intention – le pourquoi on fait une chose –, qui rend un homme vertueux et heureux, ou l'opposé. Obéir à la loi écrite simplement pour impressionner l'entourage ou avoir le pouvoir ne peut être source du vrai bonheur ; c'est être purement et simplement hypocrite. Être courageux dans la guerre pour maintenir une tyrannie ne peut être non plus vertueux et source de bonheur.

Rappelons le principe fondamental de la morale :

> *Tout art, toute recherche, toute action et tout choix tendent, selon l'opinion générale, vers quelque bien* (EN 1094a1-3).

Or s'il y a une fin que nous souhaitons pour elle-même, et les autres seulement en vue d'elle [...]. il est clair que cette fin est le souverain bien (EN 1094a18-21).

Ce qui rend l'homme bon et son activité vraiment humaine, source d'un vrai bonheur, c'est la fin ultime pour laquelle il fait cette activité.

Dans toutes les qualités dont il a été question, comme dans toutes les autres, il y a toujours un but vers lequel tout homme raisonnable regarde pour intensifier ou relâcher son effort, et il y a un principe de détermination des justes milieux qui, étant en accord avec la raison droite, sont intermédiaires, disons-nous, entre l'excès et le défaut (EN 1138b18-25).

La bonté de toute action demande deux choses : le but et la fin des actions doivent être bien établis, et il faut trouver les actions qui mènent à la fin (Pol. 1331b26-29).

Dans les choses morales, le principe est la fin pour laquelle on agit (EN 1151a15).

Aristote donne toute une hiérarchie des fins, certaines étant meilleures que d'autres. Et on les atteint progressivement.

> *Ces actions sont bonnes dont la récompense est l'honneur ou l'honneur plus que l'argent. De même celles qui ne sont pas faites pour soi-même comptent parmi celles qu'il faut choisir. De même ces actions sont bonnes qui sont bonnes absolument, comme celles faites pour la patrie, avec mépris de soi-même, et les actions bonnes naturellement et non pas simplement bonnes pour le sujet [...]. tout ce qui est fait en vue des autres en s'occupant moins de soi [...]. et les bonnes actions pour les autres et non pour soi* (Rhét. 1366b35-1367a7).

> *Les plus grandes vertus sont nécessairement celles qui sont les plus utiles aux autres hommes, car la vertu est une capacité qui permet de faire le bien* (Rhét. 1366b4).

> *L'homme mauvais fait tout ce qu'il fait en vue de lui-même [...]. Mais l'homme peut agir en vue du bien, et plus il est bon, plus il agit en vue du bien et en vue de son ami, sacrifiant ses intérêts personnels* (EN 1168a32-35).

L'homme accompli est donc celui qui dans la cité agit en vue des autres. Sur ce point Aristote est clair. Dans son traité sur l'amitié, il se demande si l'homme vertueux s'aime lui-même. Oui, répond-il, mais pas comme celui qui se ferme sur lui-même, dans une recherche des plaisirs. Le véritable amour de soi se réalise en s'orientant vers les autres. Dans le chapitre sur l'amitié, nous avons déjà cité ce texte si profond[1].

> *L'homme vertueux [...] fait beaucoup de choses en vue de ses amis et de sa patrie. [...] il meurt pour eux s'il le faut. [...] Ce n'est pas surprenant donc qu'il apparaît comme excellent quand il choisit le plus noble, en sacrifiant tout le reste. Il est même possible de renoncer à des actions en faveur de ses amis. Ce peut être plus noble d'être responsable de l'action accomplie par son ami que de la faire soi-même* (EN 1169a17-34).

Dans l'analyse des vertus morales, nous voyons qu'Aristote met la fin dans *l'autre.* La justice est une vertu pour *l'autre.* Il agit ainsi parce que c'est *bien.* À travers ces actes pour les autres, il atteint sa propre perfection. C'est la fin recherchée qui donne l'unité à l'être humain.

La rectitude morale

Aristote parle souvent de l'homme vertueux qui agit en vue du bien moral. Le bien tout court, il l'appelle *agathos.* Le bien moral, *kalos.*

> *Le bien* (agathos) *et le bien moral* (kalos) *sont différents non seulement par le nom, mais aussi*

1. Voir p. 118-119.

en eux-mêmes, car tous les biens sont des fins, choisies en vue d'elles-mêmes. Parmi celles-ci on appelle kalos *celles qui sont choisies pour elles-mêmes et qui sont objets d'admiration, tels la justice et les actes de justice* (EE 1248b17-22).

L'homme parfaitement accompli est un homme honnête, intègre et vrai. Il n'agit pas pour avoir le pouvoir à tout prix, pour attirer les regards sur lui, pour être acclamé et recevoir des honneurs, ni pour s'enfermer dans l'autosatisfaction, mais parce que c'est juste et bien d'agir ainsi. Cela correspond au bien le plus profond de sa nature humaine.

L'homme de bien n'est donc pas un superorgueilleux, centré sur lui-même. Sa perfection réside dans les activités où il honore la divinité par la contemplation, ou dans celles qui sont orientées vers le bien des autres.

Cette vision de la morale unifie une contradiction apparente : agir pour soi (égoïsme) ou agir pour l'autre (altruisme). Aristote évite alors un écueil, celui de se donner aux autres jusqu'à l'épuisement. Si l'on est orienté vers les autres, c'est pour qu'ils atteignent à leur tour leur perfection d'homme. Comment peut-on vouloir pour l'autre cette perfection si on ne la recherche pas pour soi, et si on s'épuise en se donnant ? Être orienté vers autrui doit être réalisé selon une sagesse pratique, la prudence.

Retrouver la loi

Au chapitre premier, nous avons parlé de la morale aristotélicienne comme d'une morale du désir. Elle est fondée sur le désir de bonheur, inscrit dans chaque homme. Mais le vrai bonheur doit être connu et choisi. Il faut le rechercher, le choisir. Nous retrouvons là une loi fondamentale de la nature. La première loi est de réfléchir, de mettre l'intelligence dans nos actions, de ne pas se laisser déborder par nos passions, de faire des choix pour atteindre le bonheur. Mais cette loi est d'abord intérieure. Elle n'est pas une loi positive.

De même, savoir se mettre en colère quand il le faut et comme il le faut implique une règle intérieure, donnée par le *logos* qui devient alors la conscience morale. Et cette règle intérieure est ce qui est juste et perçu correctement par le *logos* – ce qui l'est pour l'autre et pour la personne agissante. La colère est bonne si elle a pour objet de rétablir la justice et d'aider l'autre à vivre dans la vérité. C'est là la fin recherchée.

Le chemin du bonheur est alors de se laisser conduire en toute chose par le *logos*, la lumière intérieure en chacun de nous. Le *logos* qui vise une fin juste et vraie. Mais il faut que cette lumière soit la vraie lumière, c'est-à-dire une conscience éclairée s'appuyant sur la loi universelle et naturelle. « Il y a, dit Aristote, des actes mauvais en soi qui vont à l'encontre de la loi universelle : l'homicide, le vol, l'adultère » (EN 1107a11). Il n'y a pas de juste milieu pour ces actes.

Aristote ne parle de la *faute morale* qu'en parlant de l'injustice. Si je devais pousser cette notion de *faute* chez lui, je dirais que c'est aussi ne pas accomplir parfaitement sa propre humanité. Un homme qui fait des actions objectivement mauvaises nuit non seulement aux autres, mais aussi à lui-même, comme celui qui ne s'oriente pas activement vers la recherche de la vérité, ou la recherche du bien des autres dans la cité. Il n'est pas un homme vraiment bon. Son accomplissement et donc sa capacité de faire du bien dans la cité sont comme amoindris. Il n'apporte pas aux autres la vérité et la justice qu'il aurait pu leur donner. Ses défaillances nuisent alors aux autres et au bien commun de la cité. La cité est rendue moins belle à cause du non-accomplissement de son être.

Mais, pour acquérir la vertu, pour développer la rectitude intérieure et la conscience droite, il faut non seulement des dispositions naturelles, une bonne éducation et de bonnes habitudes, mais aussi de bonnes lois – au sens légal –, qui vont contraindre, surtout les jeunes, à agir selon la justice. Ces lois sont l'œuvre de la cité.

II. La cité, lieu où les hommes peuvent s'accomplir

À première vue, l'éthique d'Aristote apparaît très individualiste. Elle se fonde sur le désir de chacun d'être heureux, et celui-ci se réalise dans une recherche qui pour un petit nombre aboutit à l'émerveillement de la contemplation. C'est se méprendre sur Aristote que d'en rester à ce niveau. Dès les débuts de l'*Éthique*, il dit que cette science est subordonnée à la science politique. Car il est plus noble d'agir pour qu'un grand nombre atteigne le bonheur que d'agir seulement pour soi-même. Il y a une relation subtile entre ces deux sciences. Si l'éthique est orientée vers la politique, celle-ci est orientée vers l'éthique. Elle doit s'efforcer de créer des lois, avoir une constitution et des institutions qui encouragent chaque citoyen à faire de bons choix pour devenir autant que possible des hommes parfaitement accomplis.

La famille et la bourgade

Aristote est réaliste. L'être humain a besoin d'une famille. Il naît d'une femme et a besoin d'un père. Les familles se regroupent dans des villages ou des bourgades. Ceux-ci sont comme le prolongement de la famille. La cité, elle, a une dimension tout autre. Pour trouver sa plénitude, l'être humain a besoin de la famille, mais aussi de la cité. Dans la famille il trouve son être, sa première éducation, avec les dispositions naturelles pour la connaissance, la bonté et la justice. Dans la cité il trouve une forme d'éducation supérieure, et le moyen d'épanouir et de développer toutes ses potentialités.

Aristote s'oppose à la vision platonicienne, élaborée dans *La République*, d'une vie communautaire où des hommes et des femmes vivent tous ensemble, et où les enfants appartiennent à tout le monde. L'idéal de la « cité unie » amène Platon à un idéalisme où il supprime la famille. Aristote donne des arguments très pertinents sur le bien-fondé de la famille : elle est la cellule de base de la cité. Certes, la famille peut s'enfermer sur elle-même et presque devenir une fin en soi. En ce cas les gens travaillent dans la cité essentiellement pour nourrir leur famille ; ils se désintéressent de la cité et des œuvres de justice, pour consacrer toutes leurs énergies au bien-être de leur famille. Platon comme Aristote constatent le danger. Mais Platon dans *La République* supprime la famille. Au contraire, Aristote, malgré les risques, voit la famille comme nécessaire, elle est le berceau où les hommes doivent se préparer pour œuvrer avec justice dans la cité. La famille n'est pas une entrave à la cité, elle n'absorbe pas les énergies au point d'empêcher les activités en vue du bien commun de la cité. Grâce à l'éducation qu'elle inculque, la famille est finalement orientée vers ce bien commun. Dans la cité, chaque citoyen est responsable des autres.

La vie familiale joue un autre rôle très bénéfique pour l'homme, car elle lui permet de croître en humanité en tant qu'époux et père.

> *L'amitié entre mari et femme semble bien être selon la nature. Les êtres humains sont naturellement enclins à former un couple, plus même qu'à former une société politique, dans la mesure où la famille est quelque chose d'antérieur à la cité et de plus nécessaire qu'elle, et la procréation des enfants une chose plus commune aux êtres vivants* (EN 1162a17-20).

> *Chez les animaux, la communauté ne va pas au-delà de la procréation. Les êtres humains*

vivent ensemble non seulement pour avoir des enfants, mais aussi pour bénéficier des avantages que procure cette vie en commun. Dès l'origine s'instaure une division des tâches : autres celles de l'homme, autres celles de la femme. Ainsi, ils se portent une aide mutuelle, chacun agissant pour le bien commun. De l'aveu de tous, leur amitié est à la fois source de plaisir et d'utilité. Mais, quand tous les deux sont bons, cette amitié peut aider à progresser en vertu. Car chacun a sa vertu propre, et ils mettront leur joie en la vertu de l'autre. Les enfants aussi, semble-t-il, sont un lien entre les deux. C'est pourquoi les époux sans enfants se détachent plus rapidement l'un de l'autre : les enfants, en effet, sont un bien commun aux deux, et ce qui est commun maintient l'union (EN 1162a20-27).

L'adultère commis par un homme ou par une femme lorsqu'ils sont mariés est un acte déshonorant (Pol. 1335b37).

Pour Aristote, la famille est une réalité vitale, car les enfants sont les citoyens de demain. Mais pour Aristote comme pour Platon il faut qu'elle ne compte ni trop ni trop peu d'enfants. Pour cette raison, Aristote voudrait que le mariage soit réglementé, afin que les enfants soient bien constitués, vigoureux et en bonne santé. En effet, à son époque, on pensait que les enfants nés de jeunes couples seraient chétifs.

L'union entre parents trop jeunes est mauvaise pour la procréation. Dans le monde animal, en effet, les petits nés d'animaux jeunes sont imparfaitement développés, ils ont souvent des femelles qui sont chétives. Nous pouvons nous attendre au même résultat chez les humains. En voici une preuve : dans les cités où on a la coutume de se marier jeune, les citoyens ont le corps imparfaitement développé et de petite taille (Pol. 1335a11).

Je ne pense pas qu'on dirait cela aujourd'hui ! Aristote, dans ce même chapitre, affirme que l'âge idéal de l'homme pour se marier est de trente-sept ans, ou un peu moins, et celui de la femme dix-huit ! (Pol. 1135a30).

La cité

Si la bourgade est l'extension de la famille, la cité est le regroupement des bourgades :

Quand on arrive au regroupement final, parfait, formé de plusieurs bourgades, on a la cité – un regroupement qui a atteint une parfaite indépendance. Ou plutôt, on peut dire que, si elle se forme pour le simple fait de vivre, elle existe en vue de bien vivre (Pol. 1252b27-29).

Pour pouvoir s'accomplir pleinement, l'être humain a besoin de vivre dans une réalité plus large que la famille et la bourgade. Il a besoin de la cité où chaque citoyen, se développant sur le plan intellectuel et humain, va pouvoir accomplir une tâche spécifique. Platon l'avait déjà noté dans *La République* : il faut des gouvernants, des professeurs, des commerçants, des soldats. Il faut des gens qui fabriquent des vêtements, des agriculteurs, etc. La cité est le lieu où l'être humain vit et déploie ses capacités.

La cité se situe parmi les réalités qui existent naturellement. L'homme est par nature un animal fait pour vivre dans la cité. Celui qui vit hors de la cité, naturellement et non par suite de circonstances, soit est un être dégradé, soit est au-dessus de l'humanité. Il est semblable à l'homme traité ignominieusement par Homère de « sans famille, sans loi, sans foyer » (Pol. 1253a2-4).

Il est évident que l'homme est un animal qui est fait pour vivre dans la cité plus que les abeilles ou d'autres animaux grégaires sont faits pour s'associer (Pol. 1253a4-10).

Car, dit Aristote,

l'homme seul a le langage. Des animaux peuvent émettre des sons pour exprimer leurs joies ou leurs peines, tandis que le langage exprime l'utile et le nuisible, ainsi que le juste et l'injuste.

Seul l'homme a la perception du bien et du mal, du juste et de l'injuste (Pol. 1253a12-18).

En effet, pour Aristote, l'individu est génétiquement antérieur à la cité, mais la cité lui est antérieure par nature, car elle est en quelque sorte le lieu où l'être humain peut se développer et trouver sa plénitude.

C'est pour cela que celui qui fut le premier à réaliser ce regroupement [la cité] fut le plus grand des bienfaiteurs. Car, de même qu'un homme, quand il atteint la perfection, est le meilleur des animaux, quand il est coupé de la loi et de la justice il est le pire de tous (Pol. 1253a30-32).

Il est utile de noter ici que la cité (*polis*), pour Aristote, ne ressemble en rien à nos sociétés actuelles, nos pays ou nos nations. Les cités étaient de petites républiques urbaines. La plus grande, Athènes, s'étendait sur environ 1 600 km^2, la plupart se limitant plus ou moins à 110 km^2. La cité était donc une entité autonome où régnait une unité de culture et de religion[1]. Aristote évoque l'idée d'une unité hellénique et voit d'un bon œil une fédération de cités. Les Grecs, dit-il, sont capables de

1. Cf. E. Barker, *The Politics of Aristotle, op. cit.*, p. 57, note 1.

« gouverner le monde entier, s'ils arrivent à créer une constitution une » (Pol. 1327b34). Mais cette unité ne s'est jamais réalisée. Cependant, ce que dit Aristote, concernant les systèmes de gouvernement, peut être appliqué avec nuance à nos sociétés politiques.

La politique est donc la science qui cherche à organiser la cité et à lui donner la meilleure constitution possible, afin qu'elle soit bien gouvernée. Ce gouvernement n'a pas pour seul but de pourvoir au bien-être matériel de chaque citoyen et de l'aider à acquérir un métier et de s'y perfectionner. Il doit aussi l'aider à développer sa force de caractère et son sens civique, à devenir juste et vrai en œuvrant pour des réalités plus grandes et plus nobles que celles que l'on peut trouver dans la famille ou le village. Un gouvernement qui n'aide pas les citoyens à développer les vertus d'honnêteté et de justice, mais les laisse agir selon leurs instincts, risque de laisser les citoyens dériver dans des conflits dangereux pour la cité.

> *Le but de la cité n'est pas simplement de permettre la vie, mais de favoriser une vie qui soit bonne. De même, le but de la cité n'est pas simplement l'alliance défensive contre toute injustice, et pas davantage les échanges com-*

merciaux ou les avantages économiques (Pol. 1280a25-30).

Une cité qui en est vraiment une doit avoir comme but d'encourager la vertu. L'association politique n'est pas une simple alliance où la loi ne serait qu'une convention qui garantirait les droits de chaque individu. La loi est là pour aider les citoyens à devenir bons et justes (Pol. 1280b5-12).

La conclusion est claire :

La cité est un regroupement de familles et de bourgades en vue d'une vie bonne, pour que les citoyens atteignent une vie parfaite et qui se suffise à elle-même (Pol. 1280b30).

L'unité de la cité

Pour que l'être humain puisse se développer humainement, il faut que la cité soit unifiée et en paix. Certes, l'histoire le montre bien, il y a partout des guerres et parfois des guerres civiles. Mais si toutes les énergies de l'homme sont mobilisées par les combats, il n'a guère le temps de se développer, de nourrir ses connaissances et de construire une cité de justice. Cette question d'unité de la cité a été centrale dans la pensée platonicienne.

Le marxisme et les différentes formes de fascisme mettaient l'unité comme norme suprême.

Le gouvernement existe en vue d'imposer l'unité, et, si nécessaire, par la police secrète. Comment gouverner et imposer des lois que le gouvernement estime nécessaires et essentielles pour le bien des citoyens et du pays ? Si les chefs politiques sont convaincus qu'ils ont raison, qu'ils sont les seuls à savoir ce qui est bon pour la cité et que ceux qui s'opposent à leur vision sont des rebelles, des mécréants ou des délinquants, ils vont chercher à imposer leur point de vue par la force et empêcher à tout prix ces « mécréants » de déranger l'ordre et de prendre le pouvoir. Platon estime qu'il est dangereux de laisser trop de liberté aux individus, trop de latitudes à des visions différentes. On risquerait de laisser la porte ouverte à toutes formes de subversions et de perversions.

Aristote désire l'unité dans la cité mais d'une autre façon que Platon. Il la recherche en encourageant tous les citoyens à la vertu, à la bonté, et surtout à l'amitié. Platon dans *La République* (mais pas dans la *Politique* ni dans les *Lois*) tendait à vouloir imposer l'unité la plus grande possible. Mais pour Aristote, imposer l'unité dans la cité amène celle-ci à sa ruine (Pol. 1261b7-15).

Aristote demande que les citoyens soient des hommes libres : libres de croître vers une véritable autonomie, vers la vertu, en somme vers une vie pleine et heureuse.

> *L'amitié, de l'aveu de tous, est le plus grand des biens pour les cités, car elle est un rempart contre les risques de conflits. Platon loue par-dessus tout l'unité de la cité, unité qui paraît bien être, comme il le déclare lui-même, le résultat de l'amitié. Nous pouvons citer l'argument du* Banquet *où, dans le discours sur l'amour, Aristophane parle de deux amants qui dans l'excès de leur amitié désirent croître dans l'unité, et devenir un, au lieu de deux. Le résultat de ce désir excessif d'unité est soit que les deux disparaissent comme individus pour faire un seul être, soit que l'un des deux disparaisse dans l'autre. Dans le cas de la cité, le résultat du désir excessif de l'unité sera différent, il diluera l'amitié* (Pol. 1262b7-16).

Donc, pour Aristote, l'unité de la cité vient de ce que l'homme est naturellement un animal politique qui trouve son achèvement dans la vertu et l'amitié. Dans cette amitié, l'autre est considéré comme différent, ce n'est plus cette « amitié », décrite par Aristophane, qui est fusion. Ainsi chaque citoyen est-il libre de croître dans la vertu, surtout dans les vertus de justice et de sagesse. La critique d'Aristote sur la communauté des biens, des femmes et des enfants témoigne de l'importance qu'il accorde à la diversité qui concourt à l'unité.

Sur ce point, Aristote est réaliste. Il n'attend pas que chaque citoyen soit tellement épris du bien commun et des biens en commun qu'il n'ait plus besoin d'avoir des biens et des propriétés à lui. Pour Aristote, il est humain de posséder des biens. Certes, en avoir trop peut provoquer des jalousies et des discordes. Mais l'homme bon ne fera pas d'excès dans ce domaine, et ne sera pas cause de discorde. L'égoïsme comme faute n'est pas de s'aimer soi-même, mais de s'aimer d'une façon exagérée.

> *Quand on regarde une chose comme étant à soi, cela fait une très grande différence, impossible à décrire. L'amour pour soi-même nous est-il donné par la nature ? Certes, l'amour de soi est réprouvé mais surtout quand il est excessif, comme quand nous blâmons l'avare. Le sentiment d'amour pour ces choses [soi-même, l'argent] est plus ou moins universel* (Pol. 1263a40-b6).

Si l'homme parfaitement accompli est celui qui œuvre dans la cité pour le bien de ses amis et de tous, la cité et donc la constitution sont là pour aider chaque citoyen à devenir librement ce qu'il est appelé à être selon sa nature, à devenir heureux en exerçant les activités les plus humaines et les plus divines. D'où la nécessité de bonnes lois et d'une constitution vraiment juste.

La nécessité des lois

En affirmant que le rôle de la politique est d'encourager les citoyens à devenir vertueux et à développer leur sens civique, Aristote soutient que les lois doivent obliger à respecter autrui. Il sait qu'on ne peut pas contraindre les gens à être vertueux et à œuvrer pour le bien de la cité. On n'est pas vertueux quand on agit par peur d'être puni, mais la loi peut aider à faire un pas vers la vertu. Le bonheur de l'homme ne peut être que le fruit d'un choix libre. Il faut donc de bonnes lois qui protègent les individus contre les injustices et contraignent ceux qui vivent de leurs passions à ne pas les commettre. La science morale, des discours moraux et des encouragements à bien vivre sont utiles mais insuffisants.

> *En effet, si les arguments ont la force de stimuler et d'encourager les jeunes gens civilisés [cultivés], bien nés et épris de noblesse morale, à posséder la vertu, ils sont cependant impuissants à inciter la grande majorité des hommes à une vie noble et honnête. La plupart des gens obéissent plutôt à la peur qu'à la honte. Ils*

> *s'abstiennent des actes mauvais non à cause de la honte mais des châtiments. En effet, ils vivent selon leurs passions, poursuivant leurs plaisirs et les moyens de les réaliser, évitant les peines qui leur sont opposées. Ils n'ont aucune idée de ce qui est vraiment bien et qui donne un vrai plaisir, car ils ne l'ont jamais goûté* (EN 1179b6-15).

Donc, pour aider ceux qui n'ont pas encore le désir d'être véritablement bons et généreux, il faut la contrainte – la peur de la loi et du châtiment. La loi est aussi là pour stimuler le désir d'être bon et généreux. Mais peut-être le plus important est-il encore d'aider le jeune à avoir de bonnes habitudes.

> *Il est difficile pour quelqu'un d'être formé correctement en vue d'exercer la vertu dès sa jeunesse s'il n'a pas été élevé sous de justes lois. Beaucoup, en effet, surtout les jeunes, ne trouvent rien d'agréable dans l'exercice de la tempérance et de la constance. Aussi, des lois devront régler comment les élever et comment ils doivent agir. Une fois qu'ils auront pris de bonnes habitudes, exercer la vertu ne leur sera plus impossible* (EN 1179b31-35).

Mais ces jeunes, parvenus à l'âge adulte, auront encore besoin de la loi.

De même à l'âge adulte, ils doivent continuer à agir ainsi, en avoir l'habitude. Ainsi nous aurons besoin de lois pour cet âge-là, et pour toute la vie (EN 1179b36-1180a3).

C'est pour cela que les législateurs doivent inviter les hommes à la vertu et les exhorter en vue du bien, en présupposant que si quelqu'un a été bien préparé par de bonnes habitudes, il les écoutera. Ces législateurs devront imposer punitions et châtiments à ceux qui désobéissent, ou ont une nature faussée ; ils rejetteront hors de la cité ceux qui sont incorrigibles. L'homme de bien écoutera la règle parce qu'il vit en vue du bien. L'homme mauvais, puisqu'il désire son seul plaisir, doit être châtié par une peine comme une bête de somme (EN 1180a7-13).

Aristote n'est pas toujours très optimiste quant à la possibilité d'aider les gens à changer et à devenir plus humains !

Il n'est pas facile en politique de distinguer une loi nécessaire à la protection des citoyens contre les injustices des lois nécessaires pour aider les gens à être redressés, et à devenir justes et vrais. La politique chez Aristote s'ingère trop – pour notre mentalité moderne – dans le domaine privé. Aristote, par exemple, veut régler le nombre d'enfants conçus dans une famille.

> *S'il n'y a aucune restriction quant au nombre d'enfants [dans une famille] comme c'est le cas dans la plupart des cités, il y aura inévitablement une plus grande misère chez les citoyens ; et la misère engendrera des conflits et de la criminalité* (Pol. 1265b10).

De même, il voudrait qu'une loi interdise d'élever des enfants ayant un handicap.

> *Il devrait y avoir une loi qui empêche d'élever les enfants difformes. Il devrait y avoir une loi dans les cités où on s'oppose à la procréation illimitée, pour éviter l'abandon des enfants. [...] On devrait limiter le nombre d'enfants dans chaque famille ; et si un enfant est conçu dans une famille au-delà du nombre légal, on devrait pratiquer un avortement, mais seulement avant que la vie et la sensibilité aient commencé dans l'embryon. L'avortement est juste ou injuste selon que la vie et la sensation existent ou non dans l'embryon* (Pol. 1335b18-27).

Les différentes formes de gouvernement

Si l'homme a besoin de vivre dans la cité pour développer ses capacités intellectuelles et morales, les formes de gouvernement vont être importantes. En effet, certaines formes de gouvernement écrasent les citoyens et les empêchent de devenir pleinement humains. Au contraire, d'autres formes de gouvernement recherchent le bien de tous les citoyens.

> *Les constitutions qui ont pour but le bien commun de tous sont des constitutions justes. Au contraire, les constitutions qui ne regardent que le bien personnel des dirigeants sont injustes ; elles sont les perversions des constitutions justes. Elles ont un caractère despotique quand, en réalité, la cité est une association d'hommes libres* (Pol. 1279a17-21).
>
> *Ainsi, on peut dire que quand un seul, quelques-uns ou beaucoup gouvernent en vue du bien commun de tous, les constitutions selon lesquelles ils gouvernent sont nécessairement justes. Par contre, les constitutions qui visent l'intérêt d'un seul, de quelques-uns ou de beaucoup [mais pas tous] sont nécessairement des perversions* (Pol. 1279a25-30).

Aristote précise les noms des trois formes justes de gouvernement : le gouvernement par un seul ; l'aristocratie, c'est-à-dire le gouvernement par les meilleurs ; et la *politia*[1]. Les perversions respectives en sont la tyrannie, l'oligarchie et la démocratie.

1. Ce que notre époque appelle démocratie correspond à ce qu'Aristote nomme *politia* : le gouvernement par l'ensemble des citoyens. Pour Aristote, la démocratie est la forme pervertie de la *politia,* c'est le gouvernement par les indigents, pour le seul bien de la classe indigente et non pour l'intérêt commun. Elle est une tyrannie de la classe indigente.

> *La tyrannie, en effet, est le gouvernement d'un seul pour son propre intérêt ; l'oligarchie est en vue des intérêts des riches ; la démocratie [*politia*] en vue des seuls intérêts des classes plus pauvres. Aucune de ces formes de gouvernement n'est en vue du bien commun de tous* (Pol. 1279b6-10).

Pour terminer ce chapitre sur la politique et la justice, il est intéressant de montrer comment selon Aristote un tyran cherche à maintenir son pouvoir. Il donne par là les signes qui permettent de reconnaître une tyrannie. Hélas, les dictateurs modernes, tels que Hitler, Staline et d'autres en Amérique latine, ont beaucoup utilisé ces méthodes :

> *Des tyrannies peuvent être préservées de deux façons, diamétralement opposées. L'une d'elles est la manière traditionnelle, et qui est suivie par la plupart des tyrans. Ils suppriment les hommes intelligents […]. Ils interdisent les repas pris en commun, les rencontres diverses, l'accès à l'éducation […]. Ils se méfient de tout ce qui risque de susciter la confiance entre les gens et d'encourager l'élévation des esprits […]. Ils interdisent les regroupements culturels et cherchent à dresser les citoyens les uns contre les autres, car se connaître engendre une confiance mutuelle […]. Ils obligent chaque citoyen à se montrer en public [afin de les surveiller].*

Ils cherchent à avoir une information continuelle concernant ce que chacun dit et fait. À cette fin, ils emploient des « observateurs », des espionnes et des gens qui écoutent dans les assemblées.

Ils créent la méfiance entre les citoyens et suscitent des discordes entre amis, entre le peuple et les notables, entre les gens riches.

Ils cherchent à appauvrir leurs sujets, ce qui empêche ceux-ci d'avoir des gardes et les oblige à être si préoccupés par leur survie qu'ils n'ont plus le temps de fomenter une révolte. C'est dans ce but que les Égyptiens ont construit des pyramides.

Les tyrans entretiennent des guerres, de telle sorte que leurs sujets soient constamment accaparés et aient besoin d'un chef (Pol. 1313a34-1313b29).

Nous voyons comment la politique s'appuie sur l'éthique et l'éthique sur la politique. Un citoyen est en vue de la cité et la cité en vue du citoyen. Mais pour cela, tous (ou la majorité) doivent devenir responsables de leur vie et de la vie des autres. Un bon chef doit avoir non seulement des compétences, mais aussi la prudence politique, l'honnêteté et le sens de la justice. Pour que les citoyens puissent grandir dans la vertu, il leur faut ces chefs honnêtes et sages, et une constitution qui vise le bien de tous. En lisant la façon dont un tyran agit pour conserver son pouvoir, on voit par opposition ce qu'un vrai chef devrait favoriser pour que l'ensemble des citoyens grandisse vers la liberté et une vraie vie de bonheur. Ce qui est vrai de la cité d'Aristote n'est-il pas vrai aussi de toute organisation humaine ?

Conclusion

Les lacunes et la valeur de la morale aristotélicienne

Quand on cherche à décrire la morale d'Aristote, on risque toujours de l'interpréter selon notre vision et nos valeurs personnelles. Je constate que certains traducteurs peuvent même fausser la pensée d'Aristote en utilisant tel mot au lieu de tel autre. Mais si l'on aborde l'*Éthique à Nicomaque* avec soin et rigueur, si l'on cherche à la comprendre de l'intérieur, en situant l'ouvrage dans l'ensemble de sa pensée et de ses œuvres, avec sa cohérence philosophique, on peut arriver à saisir ce qui est spécifique de la pensée aristotélicienne. C'est ce que j'ai tenté de faire dans les pages qui précèdent.

Découvrir les lacunes de cette morale est beaucoup plus difficile. À quoi la comparer ? Sclon quellc normc ? Nous sommes alors ramené à notre vision personnelle de la morale. Dans ce chapitre, je ne comparerai la morale d'Aristote ni à une morale kantienne ni à une autre morale philosophique bien typée, ni à la morale chrétienne ou à une morale de source religieuse, mais à une morale essentiellement philosophique qui pourrait être élaborée à notre époque quelque 2 350 ans après Aristote. Depuis le monde a évolué, la pensée a évolué et je dirais que les hommes ont évolué. De très nombreuses découvertes ont profondément modifié le domaine des sciences humaines.

Si je devais élaborer une morale philosophique pour notre époque, accessible à tout homme, je commencerais par trois affirmations :

Toute personne humaine, quelles que soient ses limites, sa culture ou sa religion, est importante et précieuse et devrait être respectée.

Le pire des maux est le mépris de l'autre, qui peut conduire à l'oppression et à la suppression de la vie humaine.

Pour progresser vers la plénitude, inscrite dans son être, toute personne a besoin des autres aux différents moments de sa vie.

Chaque personne est une réalité sacrée qui demande à être respectée. Cette affirmation a des origines lointaines, mais lorsqu'elle a été codifiée dans la Déclaration des droits de l'homme en 1948, on peut dire qu'elle est devenue une certitude morale et universelle, un point de départ des droits de chacun, et une référence du droit international. La plupart des hommes et des sages l'acceptent comme une vérité incontestable. Certes, les génocides, les guerres répétées, les oppressions et les inégalités de toutes sortes piétinent ce grand principe. Et pourtant il garde de la force. L'émotion soulevée au moment des guerres, dans la région des Balkans ou ailleurs, le montre. On s'identifie aux femmes et aux hommes massacrés. Du peuple est monté ce cri : « Arrêtez ! » Cette conscience universelle reste très forte : nous appartenons tous à la même humanité. La vie de l'autre a autant de prix que la mienne. Chaque personne est une valeur sacrée.

Reste à se demander ce qui constitue une personne. C'est la question morale fondamentale dans une philosophie de la personne. L'enfant est-il une personne ? Est-ce seulement la capacité de raisonner qui définit la personne ? Les personnes accidentées ou ayant un handicap mental, qui ne peuvent pas raisonner ni réfléchir, sont-elles des personnes ? On commence à parler des droits des personnes ayant un handicap. L'ONU même reconnaît leurs droits. La question se pose également de manière aiguë pour l'enfant dans le sein de sa mère. Quand commence la personne ? Dès sa conception ? Au troisième ou quatrième mois ? Le terme I.V.G. signifie l'*interruption d'une grossesse*, on ne parle pas de l'*interruption d'une vie humaine*. Cela choque. La loi condamne l'infanticide. Pourquoi permet-elle l'avortement ? Cela exigerait de préciser, de toute urgence, à quel moment l'embryon devient une personne. Mais la question semble bloquée. Les États n'osent pas se prononcer.

Aristote, nous l'avons vu, recommande de ne pas élever les enfants difformes et il accepte l'avortement pour l'embryon, pourvu qu'il se situe avant l'apparition de la vie végétative. Ce pour limiter la procréation. Les Grecs pensaient en effet qu'un trop grand nombre de naissances pouvait compromettre l'équilibre économique.

Pour moi, tout enfant est une personne. La personne humaine ne se constitue pas à partir de ses capacités de raisonner mais à partir de ses capacités de relation. Je dis bien *capacités de relation* et non la relation elle-même. Une des communautés de l'Arche en Afrique a accueilli un enfant qui, semble-t-il, avait été élevé par des animaux. Trouvé par des militaires dans une forêt, cet enfant n'avait, à première vue, rien d'humain et était incapable de vivre une relation humaine. Aujourd'hui, dix ans après son accueil, Robert – c'est ainsi qu'il a été nommé – marche, mange seul et vit des relations heureuses. Il est manifestement une personne humaine. Il est devenu ce qu'il était capable de devenir, du fait qu'il a été conçu d'un homme et d'une femme. Et il l'est devenu grâce à la présence près de lui d'autres êtres humains qui ont éveillé son cœur enfoui dans les ténèbres de son être.

Je pourrais dire la même chose d'autres enfants ayant de lourds handicaps psychiques et physiques ; d'hommes et de femmes apparemment pervers, en prison ou en liberté, qui ont commis des crimes horribles. Chaque être né d'un homme et d'une femme est une personne, même si sa personne profonde reste cachée derrière des troubles graves et des perversités. Pour toute personne il existe toujours une possibilité de s'éveiller à une vie relationnelle, si minime soit-elle, si elle est entourée de respect et d'amour. Dans *La Dernière Marche*, ce film de Tim Robbins, inspiré d'une histoire vraie, on voit Helen Prejean accompagner jusqu'à son exécution Matthew Poncelet, le meurtrier d'un couple d'adolescents, condamné à mort. Quand Helen commence à lui manifester sa confiance et qu'une relation s'instaure entre eux, Matthew se transforme. Bien plus que l'échéance de l'exécution et de la mort, cet accompagnement dans les tréfonds de ses propres ténèbres lui a révélé qui il était en profondeur.

Les lacunes de la morale aristotélicienne

Cette conception de la personne humaine n'est guère celle d'Aristote, qui établit une hiérarchie entre les êtres humains. Seuls les hommes, et, parmi eux, seuls les hommes libres, bien nés, sont capables d'un bonheur parfait. Les femmes et les esclaves peuvent connaître un certain bonheur car ils sont capables d'une vie vertueuse à leur mesure, mais ils sont en quelque sorte au service de la famille. Aristote affirme l'importance de la famille et donc le respect à l'égard de la femme. Il évoque la vertu de la femme et son amitié possible avec son mari (EN 1162a24). Il demande la justice envers les esclaves, car eux aussi sont des êtres humains. Mais, pour lui, les femmes et les esclaves restent inférieurs à l'homme. Ils ne peuvent atteindre le bonheur le plus total.

> *Il faut penser que tous [hommes, femmes, esclaves] devront participer aux vertus morales, mais pas tous de la même manière, chacun seulement dans la mesure nécessaire pour accomplir sa tâche particulière. Celui qui gouverne devrait avoir la vertu morale en perfection. Les*

autres ont besoin de la vertu morale pour ce qui leur est requis. Il est donc clair que la vertu morale appartient à tous. Le courage de l'homme se manifeste dans le commandement, celui de la femme, dans le service. Et cela est vrai pour toutes les autres vertus. Nous devons maintenir ce que Sophocle dit de la femme : « La beauté est dans le silence. » Cette affirmation n'est pas vraie cependant de l'homme (Pol. 1260a13-30).

En même temps, beaucoup auront part au bonheur. Il peut se trouver chez tous ceux qui ne sont pas inaptes à la vertu et qui y mettent quelque étude et quelque soin (EN 1099b17-19).

Aristote tombe aussi dans un racisme et un élitisme réels, quand il cite Euripide : « Il est normal que les Grecs commandent aux Barbares en présupposant que les Barbares et les esclaves sont de la même nature » (Pol. 1252b8). Ailleurs, il montre que les Grecs sont un peuple supérieur à ceux qui viennent d'Europe et des régions froides ou d'Asie (cf. Pol. 1127b23-32) On comprend qu'on ait pu utiliser Aristote pour justifier l'esclavage ou la supériorité d'une race sur une autre.

L'absence du cœur

Cette vision figée des choses et de la hiérarchie entre les êtres vient, me semble-t-il, de ce qu'Aristote place la valeur de l'homme dans sa seule capacité rationnelle et intellectuelle.

L'essentiel pour lui se situe dans l'exercice de la raison et de l'intelligence, qui permet une autonomie plus ou moins grande, autonomie qui rapproche l'homme de Dieu ou des dieux. L'amitié, pour lui, est comme un sommet de la vie humaine, un fruit merveilleux de la vertu. Mais il ignore l'importance de la vie relationnelle, qui existe même avant l'éclosion de la raison.

Il ne peut alors concevoir la valeur suprême de la rencontre entre deux personnes, ce que Martin Buber décrira dans son livre *Le Je et le Tu.* L'amitié entre inégaux, par exemple entre une personne riche et une personne pauvre, n'est considérée par Aristote que sous l'angle de l'échange presque mercantile. Pour lui, le riche ou le magnanime sont heureux parce qu'ils peuvent *donner. Recevoir* implique un manque d'autonomie, une infériorité. De même, la vertu de l'homme est de commander, celle de la femme d'obéir. Aristote ne voit pas ce que l'un et l'autre peuvent s'apporter l'un à l'autre, non seulement par leurs capacités mais aussi par leur amour. Alors se développe entre eux une *communion* qui n'est pas seulement le partage de grandes et belles activités, de belles pensées et de générosité, mais aussi le partage de leurs manques, de leurs faiblesses et de leurs besoins affectifs. Le bonheur ne consiste plus alors dans une autonomie aussi grande que possible, où l'on apparaît fort et capable, mais dans le partage des cœurs et l'humilité en face de l'autre. Ainsi l'enfant humanise l'homme, de même que la personne faible et démunie peut l'ouvrir à la bonté, à la tendresse et à la compassion, et, par là, lui faire découvrir une unité intérieure et une communion nouvelles.

Les sciences humaines nous apprennent que cette capacité d'aimer se développe dès les premiers mois de l'enfant, dans la relation avec sa mère. Il lui faut l'expérience d'un premier amour qui soit inconditionnel. C'est le mystère de l'être humain. Cette première vie relationnelle de l'enfant avec sa mère et son père est cruciale et la base des choix délibérés ultérieurs. Si le petit enfant est blessé par un rejet ou par l'absence de ce premier amour, il risque de manquer de confiance en lui-même et d'avoir de grandes difficultés pour acquérir les vertus humaines plus tard. Aristote ne pouvait saisir ce rôle de la relation parents-enfant dans le développement de l'être humain et de l'intelligence humaine.

Cependant, Aristote n'est pas le père de l'intellectualisme comme on l'en a parfois accusé. On lui reproche la sécheresse de sa philosophie et on loue au contraire le côté affectif des Orientaux ou des Juifs. En effet, Aristote cherche à comprendre l'univers alors que les Hébreux reçoivent des connaissances et des lois de Dieu qui les aime, qui veille sur eux et qui les conduit. Chez les Hébreux, il y a donc une primauté de l'affectif. Mais c'est méconnaître Aristote que de s'arrêter uniquement à l'intelligence discursive qui cherche à comprendre. Pour lui, la connaissance débute avec l'étonnement et l'émerveillement devant l'univers, et elle aboutit à l'étonnement et au repos de la contemplation, ou aux œuvres de justice dans la cité. Il fonde toute sa démarche sur une relation de confiance envers le monde, sur une relation presque affective avec le réel reçu à travers les sens. Il insiste sur la connaissance et la recherche de la vérité, pourvu qu'elles soient orientées vers les autres ou vers la divinité. Ainsi Aristote diffère-t-il de ceux qui voient le point de départ (et le point d'arrivée !) de la connaissance dans la conscience du sujet pensant.

Mais c'est l'amitié, chez Aristote, qui ouvre définitivement une porte vers le cœur. Entre deux amis il existe un amour vrai. L'ami est un *autre soi-même.* Il veut le bien de l'autre. Tous les deux recherchent les mêmes valeurs, ils s'adonnent ensemble à la recherche de la vérité et de la justice dans la cité. L'élément du cœur est présent, mais l'amitié implique que l'ami est fort, capable, et se donne aux grandes choses. Cette amitié est alors, comme nous l'avons vu, un sommet de la vie humaine.

Chez Aristote, un manque de compassion

Aristote ne refuse pas l'affectivité mais il ne considère pas le cœur comme source de la personne et de la relation. Cette absence de la primauté du cœur empêche Aristote de voir l'évolution de l'humanité comme une croissance vers une justice plus grande, plus universelle, une justice pour chaque être humain. L'évolution n'est ni un concept grec, ni un concept aristotélicien. Pour un Grec, le temps est cyclique et ne peut contenir la notion de progrès. La bonté et le souci de justice pour les faibles, les malades, les orphelins, et les pauvres en général, semblent absents. Chez lui, il n'y a pas véritablement de compassion. Peut-on dire que, de ce point de vue, il se rapproche de Nietzsche, qui méprisait les faibles et ceux qui les traitaient avec bonté ? Non, même si Aristote n'évoque pas la compassion envers les faibles, il affirme que le maître doit être juste à l'égard de l'esclave.

Son modèle est surtout le magnanime, le plus parfait des hommes. Le magnanime fait de grandes choses dans cité : il s'occupe des réformes, il œuvre pour la justice. S'il ne méprise pas les personnes faibles ou les esclaves, il ne perd pas son temps avec eux. Aristote ne pouvait concevoir que la relation avec des personnes faibles puisse aider un homme à devenir plus humain, à progresser en humanité. Pour faire le bien, le magnanime puise dans sa vertu personnelle. Aristote n'élabore pas une morale de la compassion.

À cet égard, il y a une différence fondamentale entre sa morale et la religion égyptienne 2 800 ans avant notre ère, qui affirme l'importance de prendre soin des faibles[1], ou la religion juive, qui affirme l'importance de veiller sur les veuves, les orphelins et les immigrés (cf. Deut. 10,17-19). Au temps d'Isaïe, Dieu révèle le comportement qui lui plaît : ce n'est pas d'abord de sacrifier des animaux dans le Temple, ni de jeûner en se privant de nourriture, mais d'œuvrer en faveur des affamés, des pauvres et des faibles

1. Cf. X. Le Pichon, *Aux racines de l'Homme*, Presses de la Renaissance, Paris, 1997, p. 133, qui cite Aneménopé : « Dieu préfère celui qui honore le pauvre à celui qui porte aux nues les puissants de la terre. »

(Isaïe, 58). Et au moment de l'année jubilaire les esclaves devaient être affranchis (Lévitique, 25).

Ces religions qui font une place à la compassion font droit à une expérience humaine importante. Par la relation avec le pauvre, le faible ou l'enfant, le cœur, la compassion et la bonté sont éveillés, et une unité intérieure nouvelle s'établit entre le corps et l'âme. Comme si la tension entre l'intelligence et le corps trouvait une résolution mystérieuse dans cette présence au pauvre. La compassion engage le corps, c'est par le corps qu'on s'approche de l'autre. Dans cette expérience, on découvre que la personne fragile peut aider à s'accepter soi-même avec ses fragilités. Ainsi on constate une transformation en soi. On devient plus humain, plus cordial, plus ouvert aux autres. Aristote n'était-il pas enfermé derrière les murs de la cité, les murs du petit monde des hommes libres grecs ? Pouvait-il imaginer de s'ouvrir aux autres, et à des non-Grecs en particulier ?

Pourquoi Aristote magnifie-t-il l'intelligence et les capacités de commandement chez l'homme libre et refuse-t-il de reconnaître la même valeur potentielle à l'intelligence de la femme, à celle de l'esclave et à celle des Barbares ? Est-ce uniquement un problème de culture ou y a-t-il quelque chose de plus profond qu'Aristote n'a pas saisi ou n'a pas pu saisir ?

Une vision statique

Comme nous l'avons noté plus haut, il me semble que le souci de l'ordre, ou le primat de l'ordre sur le désordre, empêche Aristote de percevoir la valeur et l'importance de tout être humain. Aristote demeure dans une vision statique et circulaire.

À l'opposé, la vision biblique est une vision évolutive. Le temps devient linéaire. Le peuple a une histoire. Il marche sous le regard de son Dieu et attend la réalisation des promesses qu'Il lui a faites. Ce peuple est entièrement tourné vers l'avenir. La vision aristotélicienne est bien différente. Elle est commandée par la nature de chaque chose. Le monde et les astres sont éternels, les vivants, les plantes et les animaux sont eux aussi éternels, non comme individus, mais en tant qu'espèces. Et, au-dessus de tout, se trouve le Premier Moteur immobile, l'Acte ou l'Énergie pure, le Bien Souverain, qui est éternel et pleinement autonome. Dans le monde, chaque chose a sa nature et doit être accompli le plus parfaitement possible. La semence doit arriver à terme et produire des fruits. L'homme doit être lui-même, la femme elle-même, l'esclave aussi. Chacun doit reconnaître et respecter la place où la nature l'a mis, et découvrir là son bonheur. Chacun trouve ainsi sa propre complétude en lui-même et aussi dans le tout dont il fait partie. En étant à son service, la femme et l'esclave participent en quelque sorte au bien de l'homme qui contemple ou qui s'occupe de la cité. On voit des éléments un peu analogues dans le système des castes en Inde.

Malheur à celui qui bouscule cet ordre, il désorganise la cité. Si on laisse la place au cœur jusqu'à devenir soucieux d'un pauvre, à désirer qu'il progresse, on va bouleverser cet ordre. Ceux qui sont au pouvoir et qui sont riches vont perdre des choses. Le cœur voit plus loin que l'intelligence et l'ordre. Aristote ne peut pas l'imaginer. Sa vision de l'ordre implique que tout doit être à sa place, saisissable par le *logos*. Or le désordre échappe au *logos* et risque d'engendrer le chaos. Aristote est très loin du *sens de l'histoire*, que ce soit l'histoire des peuples ou l'histoire des individus. Il a étudié de près l'évolution des constitutions dans les différentes cités et les facteurs qui déclenchent des révolutions, mais il semblait incapable d'entrevoir une évolution beaucoup plus profonde en chaque personne et dans toute l'humanité ; évolution qui paraît évidente pour nous, les habitants de la terre, à l'aurore du troisième millénaire.

Ce souci de l'ordre, avec son aspect statique, conduit Aristote à accorder parfois trop d'autorité aux gouvernants de la cité. Il a fortement critiqué l'idéalisation ou l'idéologie de Platon, qui tend à une unité absolue de la cité et par là à une indépendance et à une autarcie totales, supprimant ainsi la famille. Mais Aristote ne tombe-t-il pas dans le même genre d'erreur en voulant contrôler la vie sexuelle des citoyens et le nombre des naissances afin d'éviter l'augmentation de la population ?

Aristote voulait que les chefs créent de bonnes lois, qui orientent et incitent chaque citoyen à être vertueux et donc heureux, mais en même temps il insistait pour que le choix de la vertu soit libre, sans contrainte ! Comment harmoniser ces deux points de vue ? La politique d'Aristote, mal interprétée, pourrait orienter vers une forme de fascisme qui *obligerait* les gens à être heureux ! De même, pourquoi souhaite-t-il donner une autorité plus grande à l'homme dans la famille ? N'est-ce pas pour préserver l'ordre ? Que se passerait-il pour lui si la femme commençait à réagir contre un mari injuste ?

La vision politique d'Aristote comprend cependant des éléments très justes en ce qui concerne les interventions des gouvernements dans la vie des citoyens – surtout si ces gouvernants ont le sens de l'humain et de la finalité de l'homme. Le but des chefs n'est-il pas d'amener chaque citoyen vers la vie heureuse, c'est-à-dire la vie selon la vertu ? L'État doit donc se soucier de l'éducation. En effet, si les citoyens tombent tous dans l'intempérance, s'ils sont des lâches, des violents et des égoïstes, enfermés sur eux-mêmes, refusant de s'intéresser aux autres, la cité dans son unité risque de se désintégrer. Que se passera-t-il dans la cité si les citoyens ne sont pas éduqués au sens civique et n'ont aucun désir d'œuvrer pour la justice, de se conduire en hommes intègres qui cherchent à vivre dans la vérité et à éviter toute forme de corruption ? Notre société occidentale n'aurait-elle pas intérêt à réfléchir davantage sur ce point ? Si l'éducation n'a pour but que la réussite personnelle et les intérêts propres de chacun, et non le bien commun, le risque n'est-il pas de voir se multiplier les conflits sociaux et la société se désintégrer ? De même, si consciemment ou inconsciemment les lois favorisent l'affaiblissement de la cellule de base de la société, la famille, le danger n'est-il pas de voir l'éclosion de citoyens non structurés intérieurement, incapables d'œuvrer pour la justice ?

Dans cette morale de l'ordre, on peut aussi se demander comment connaître l'ordre. Est-il immuable ? Pour Aristote, l'ordre est manifesté dans la nature et par la nature. Mais est-il possible philosophiquement de connaître l'ordre de l'univers, de découvrir le pourquoi de cet univers ? Quel est son bien final ? Vers quoi chemine-t-il ? Les réponses naïves et trop simples du début de notre siècle sur une humanité qui évoluerait vers le progrès, où il n'y aurait plus de guerres et où tout le monde posséderait selon ses besoins, ont été fort ébranlées. Aujourd'hui cette vision est obsolète. L'humanité est de plus en plus désespérée par les conflits, les oppressions, les inégalités et les génocides. Elle a perdu le sens de l'existence. Elle ne sait plus où elle va. Y a-t-il même un sens à l'histoire et à l'évolution ?

Ce souci de l'ordre et la peur du désordre se manifestent souvent quand apparaissent, du sein du groupe ou de la société humaine, de nouvelles idées ou une vision nouvelle des choses. Ceux qui sont en position d'autorité se sentent alors en danger et sont tentés de verrouiller le système. Ils pensent savoir ce qui fonctionne bien, et veulent garder le pouvoir pour empêcher la désorganisation générale. Leurs certitudes empêchent l'éclosion d'idées nouvelles.

La morale d'Aristote est une morale d'ordre, parce qu'elle est une morale de la nature, une notion, elle aussi, battue en brèche par la pensée moderne. Aristote a confiance dans la nature, qui inscrit la loi au cœur des choses et des êtres. La semence d'une tomate est ordonnée à la production de tomates. C'est la loi inscrite dans la semence. Aristote cherche dans les mêmes termes la « loi naturelle » de l'homme, ce vers quoi, ou à quel acte, sa nature l'ordonne afin qu'il le choisisse librement. La pensée moderne a refusé absolument cette notion de loi naturelle, surtout dans le domaine moral. Comme les sophistes d'autrefois, elle soutient que la première loi naturelle est la loi du plus fort. Elle oppose ainsi *nature* et *culture*, ou *nature* et *liberté*. L'homme se situe du côté de la culture et de la liberté, il est hors de la nature et de ses lois. Ce durcissement des oppositions *nature/culture* ou *nature/liberté* empêche de comprendre que l'homme ait aussi sa nature ; que quelque chose soit inscrit dans son être : le mouvement vers une plénitude.

On se trouve donc face à des conceptions de la vie et de la morale rigoureusement opposées. Pour les uns, l'être humain, pour trouver la vérité de son être, doit suivre les désirs les plus profonds inscrits en lui. S'opposer à cette loi est en fin de compte suicidaire pour l'homme. L'écologie moderne s'oriente vers ce point de vue, elle révèle que la façon dont l'homme traite la nature est source de désastres : pollution de l'air, phénomène d'effet de serre sur la terre, annihilation de nombreuses espèces d'animaux et de plantes. En somme, l'homme qui ne se préoccupe pas des lois de la nature, des lois de son corps et de son esprit, provoque en lui, dans l'univers, sur la terre et dans la cité, un désordre ou un déséquilibre dangereux. À l'opposé extrême de cette morale de la nature et de l'ordre, on trouve le désir de vivre une expérience de liberté et de toute-puissance, sans contrainte. En somme n'obéir à aucune loi, sauf à son désir propre. La valeur de l'homme se manifesterait alors dans un affranchissement de toute loi et de toutes mœurs où il exprimerait une liberté créatrice.

La notion de la nature chez Aristote conduit l'homme à une certaine humilité. L'homme a reçu sa nature, il ne l'a pas créée lui-même. Il s'agit alors de se mettre à l'écoute de cette nature pour accéder à la plénitude. Certes, il est facile de critiquer Aristote. Par exemple lorsqu'il avance des idées sur la nature qui sont vraiment de son époque : que les enfants naissent chétifs en raison du trop jeune âge de leurs parents ! Mais cela n'est pas suffisant pour rejeter l'ensemble de sa morale. Il nous faut non pas supprimer cette notion de loi naturelle, mais bien au contraire l'approfondir. Qu'est-ce qui est de la nature, et qu'est-ce qui relève de la culture, de l'éducation ou même des peurs et des préjugés ? Quels sont les sages, à notre époque, que nous pourrions consulter sur cette question ?

C'est vrai qu'Aristote enseigne une morale destinée à une élite. Les ouvriers et les esclaves, aussi bien que les femmes, n'avaient pas à ses yeux le loisir ni la capacité de vivre les vertus les plus grandes.

De ce fait, la science morale s'adresse surtout aux hommes libres qui vivent dans une certaine aisance, qui ont du temps et la possibilité de faire des choix. Ceux qui ne peuvent faire de choix, à cause dc leur pauvreté et de leur état de vie, ne peuvent prendre part à un bonheur pleinier. Ils survivent plutôt qu'ils ne vivent. N'est-ce pas la situation de beaucoup d'êtres humains à une époque comme la nôtre où il y a tant d'inégalité ?

Il y a certes des lacunes importantes dans la morale d'Aristote. Donnant une priorité à l'ordre, il n'a pas pu accorder une valeur radicale à chaque personne humaine. C'est le message de Jésus décrit dans les Évangiles qui accorde cette valeur absolue à toute personne, aux riches comme aux pauvres ou aux déshérités ; aux Juifs comme aux Grecs. Jésus a ouvert la voie à de nouveaux horizons et à un sens de l'évolution de l'humanité cheminant vers l'unité du genre humain.

La morale aristotélicienne a ses limites mais en même temps pose des principes essentiels. Elle incite chaque personne à utiliser son intelligence pour réfléchir sur ce qu'elle est et ce qu'elle peut devenir, à ne pas se laisser guider par des illusions, des rêves ou des sophismes – par ce que tout le monde fait et dit –, à chercher la vérité sur l'être humain. La réflexion morale est essentielle. L'être humain n'est pas simplement un faisceau de désirs déjà déterminés ou totalement chaotiques. Avec de l'aide, il est capable de prendre sa vie en main, d'être responsable de sa propre vie et de faire des choix. La morale incite les êtres humains à devenir plus conscients d'eux-mêmes et de leur motivation fondamentale, et à se poser chacun la question : « Que veux-tu pour ta vie ? », « Que cherches-tu ? ». Pour ensuite s'orienter avec plus de vérité vers le bien qu'il est capable de choisir, et vers le bonheur qu'il est capable d'atteindre.

La valeur de la morale aristotélicienne

La morale d'Aristote est réaliste, elle jaillit de l'humain et retourne à l'humain. Aristote, d'une part, sait que la plupart des hommes se laissent conduire par leurs passions, et, d'autre part, il reconnaît la grandeur de l'homme, spécifiquement différent des animaux.

L'homme est cet être qui cherche sans fin les clés du bonheur. Il s'arrête fréquemment à des mirages, croyant avoir trouvé la source ultime du bonheur et de la guérison, mais il découvre souvent que ce ne sont que mirages et illusions. Il recommence alors la route dans cette recherche interminable. De génération en génération, l'être humain est en quête de ce qui va étancher sa soif de l'illimité. Recherche de Dieu, recherche de l'infini dans la nature et dans les cieux. Recherche de l'infini dans l'amour. Recherche d'une toute-puissance. L'être humain ne peut s'arrêter dans cette quête qui le tourmente, car s'il a conscience de son être, il a conscience aussi de ne pas être maître de son destin. Les accidents, les maladies, la mort des proches et la perspective de sa propre mort, les guerres, la haine des hommes, les tempêtes, les tremblements de terre... l'homme n'est pas maître de son avenir, l'univers et ses forces le dépassent. Il n'est qu'une petite parcelle mortelle du grand tout. Il est, mais il n'a pas en lui toutes les ressources pour être, être toujours, être un vivant complet. C'est là son drame.

La morale d'Aristote s'appuie donc non pas sur une théorie toute faite, mais sur le *désir* en chaque être humain d'être heureux. Comme une semence plantée en terre va croître vers sa plénitude, pourvu qu'on l'arrose, de même l'être humain aspire vers sa propre plénitude. La différence entre les plantes et l'être humain est que la semence, si elle est nourrie, poussera infailliblement et produira des fruits, c'est-à-dire qu'elle atteindra sa plénitude. L'être humain, lui, ne peut atteindre la sienne qu'à travers la connaissance, les choix et même les luttes. Cela implique, pour Aristote, une éducation et de bonnes lois. L'homme est capable d'orienter sa vie dans la bonne direction qui conduit au bonheur, mais il est aussi capable de se laisser égarer sous la poussée de ses passions qui l'orientent vers de faux bonheurs.

On voit alors la nécessité de la science morale comme science de l'homme – différente de la psychologie –, qui cherche à clarifier la nature du bonheur. Certes, ce n'est pas la connaissance qui fait le bonheur ! Aristote insiste pour dire qu'il est inutile de suivre des cours de morale si l'on n'est pas décidé à rechercher activement le bonheur.

Non seulement Aristote fonde sa morale sur le désir du bonheur, mais sa morale elle-même se développe en s'appuyant constamment sur les dires de tous les hommes, au moins les plus sages, et reconnus comme tels. Pour connaître ce qu'est l'homme, et sa plénitude, interrogeons les hommes. Voilà la sagesse aristotélicienne, voilà son réalisme. Pour connaître l'homme, écoutons l'homme.

Aristote dit en effet qu'il y a des hommes divins qui ont « une vertu surhumaine, une vertu héroïque et divine » (EN 1145a20). Ils se sont lancés dans la recherche du divin et de la justice sur la terre. À notre époque, pensons au mahatma Gandhi, à Nelson Mandela, à mère Teresa, au dalaï-lama, à Aung San Suu Kyi ou à Jean-Paul II. Reconnus par beaucoup pour leur hauteur de vue, leur bonté, leur courage et leur recherche de la justice et de la vérité, ils ont ouvert des portes vers des espaces nouveaux en un monde nouveau. Ils ont donné un sens à l'histoire. Nous avons hélas également connu des hommes bestiaux et pervers comme Hitler, Staline, et aujourd'hui encore des hommes et des femmes qui abusent des enfants, cherchent à répandre la drogue ou tuent sans raison, pour le seul désir de tuer. Aujourd'hui comme hier, des pauvres et des migrants (disons des esclaves du travail) ont peu de possibilités de faire des choix, ils cherchent à survivre. On constate un immense décalage entre les hommes : selon leurs capacités différentes sur tous les plans. On trouve les doués, les surdoués et les non-doués. Chacun à sa manière pourrait apprendre un peu de la morale d'Aristote, car il s'agit pour chacun de sortir un peu des ténèbres, de la confusion, des illusions et de l'égoïsme, pour avancer vers un peu plus de lumière, de justice et de vérité. Se soucier de l'autre, des membres de sa famille, de ses compagnons de travail, de ses voisins, s'ouvrir aux autres dans la cité et œuvrer pour eux. Aristote note bien qu'une personne pauvre peut être plus généreuse qu'une personne riche, si en donnant peu elle donne davantage, proportionnellement à ce qu'elle possède. L'important n'est pas la quantité mais l'intention et la possibilité de chacun.

Aristote a su reconnaître dans la religion populaire une alliée de la morale : elles tendent vers le même but, que l'homme devienne plus humain. Il voit bien les failles de la religion, qui peut recouvrir une réalité divine avec des éléments superstitieux et inciter les hommes à être centrés uniquement sur eux-mêmes. Il ne cherche pas à détruire cette religion mais à la purifier, car il la voit comme une aide pour la plupart des hommes. Elle peut les aider à sortir des ténèbres de la violence, de la haine, de la bestialité, et de toutes les formes d'injustice. Aristote est un sage. Il cherche à fortifier toutes les énergies positives de manière à aider les hommes de son époque à devenir plus humains, plus justes, plus ouverts aux autres, et par le fait même à devenir plus heureux, ou à retrouver le goût du bonheur.

Remerciements

Ce livre a été écrit avec la collaboration d'Élise Corsini. Elle a apporté ses compétences dans sa rédaction mais aussi dans son élaboration. Les discussions que nous avons eues autour d'Aristote nous ont permis de découvrir ensemble comment présenter la morale aristotélicienne aux amoureux de la vérité de notre époque. Je la remercie vivement.

Janine Chanteur, avec sa grande compétence en philosophie grecque, a apporté maintes suggestions, réflexions et critiques qui ont beaucoup contribué à la qualité du texte. Ronan Sharkey, ami philosophe, a permis par ses excellentes suggestions d'approfondir certains thèmes. Le père Albert Chapelle et Marie-Hélène Mathieu ont pris le temps de lire avec soin le texte et y ont apporté des corrections importantes. Les encouragements d'amis connaisseurs d'Aristote, Marcel Clément et Robert Larouche, et ceux des frères Marie-Dominique Gouttière et Jean-Marie Laurent, m'ont été très précieux eux aussi.

Table

L'éthique ou le chaos ?

JEAN-LOUP DHERSE ET DOM HUGUES MINGUET

Aux antipodes du « politiquement correct », les auteurs – un moine et un homme d'affaires – donnent leur vision de la crise économique, sociale et morale d'aujourd'hui. Loin de se borner à des constats, ils analysent avec profondeur les causes des impasses actuelles et tracent une voie au milieu du chaos. Un livre qui dérange le désordre établi.

*

« À ceux qu'intéresse cette question du "sens", le livre *L'Éthique ou le Chaos ?* propose une réflexion en profondeur sur notre vie professionnelle et personnelle. [...] Ce livre, en explorant les cas de conscience suscités par notre univers "brutal et indifférent", propose les fondements d'une morale personnelle qui nous préserve de deux excès : la barbarie et l'angélisme. »

Le Nouvel Observateur

« Cet essai, plus proche du buisson foisonnant que de l'arbre élagué, ouvre de nombreuses pistes de réflexion sans être directif. Sa principale qualité est de montrer que le combat pour l'homme recherche une victoire sans vaincus. »

Valeurs Actuelles

« Leur souci commun ? Joindre le spirituel et l'économie. Leur thèse est à la fois simple, paradoxale et réconfortante. [...] L'intérêt du livre est d'avoir évité le piège du long sermon déconnecté de la réalité. Forts de leurs expériences, les deux hommes mêlent la théorie à la pratique. »

La Croix

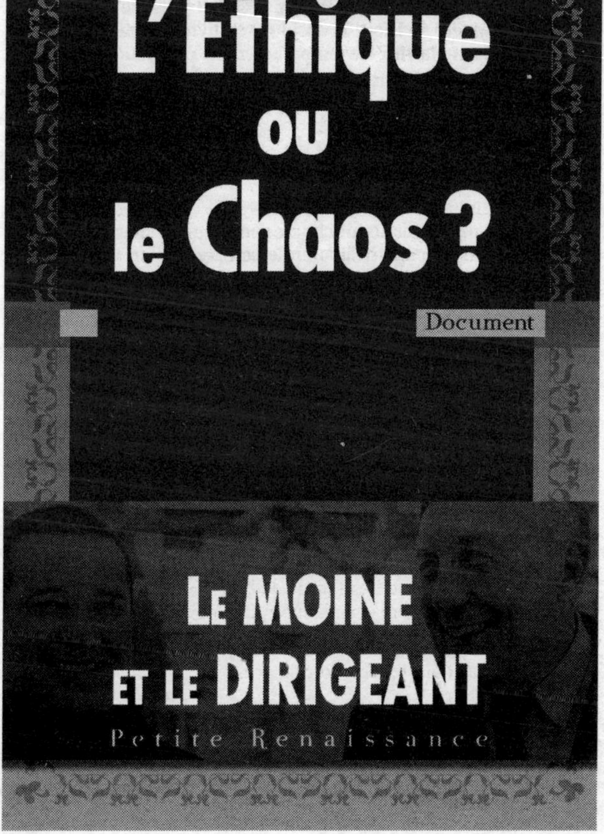
JEAN-LOUP DHERSE &
DOM HUGUES MINGUET
L'Éthique
ou
le Chaos ?
Document
LE MOINE
ET LE DIRIGEANT
Petite Renaissance

Maurice Zundel

BERNARD DE BOISSIÈRE ET FRANCE-MARIE CHAUVELOT

La première biographie du célèbre abbé suisse qui, toute sa vie, a prêché le dépouillement personnel, le vide intérieur, pour laisser transparaître le vrai visage de Dieu, et dont l'Abbé Pierre disait : « Par sa personne même, on accédait presque naturellement au mystère de Dieu, à l'absolu. » Ce livre restitue, dans un style très vivant, la vie et le tempérament de ce mystique et prophète qui a marqué son temps.

*

« Ce livre – passionnant et riche de centaines de citations – [...] peut être sans aucune hésitation le compagnon de vos vacances. »

Panorama

« Retracer une telle vie d'absolu s'annonçait comme une tâche presque impossible, pourtant brillamment réussie par le P. Bernard de Boissière et France-Marie Chauvelot, auteurs de *Maurice Zundel* récompensé aujourd'hui par le Prix des librairies Siloë 2004. »

La Croix

« Cette magnifique biographie, composée sous l'égide de son exécuteur testamentaire, montre de quelle façon l'abbé Zundel a ouvert tant de cœurs à la présence de Dieu. »

Paris Notre Dame

« À tout moment et à chaque page, Maurice Zundel nous ramène à la source de la vie, dans son jaillissement initial, et ses promesses d'éternité, dans le secret du silence. »

Famille Chrétienne

Bernard de Boissière &
France-Marie Chauvelot
Maurice
Zundel
Biographie
LA BIOGRAPHIE
Petite Renaissance

Aux racines de l'homme

XAVIER LE PICHON

La prise de conscience par l'homme de sa souffrance et de sa mort, reçues en héritage de ses ancêtres primates, serait à l'origine du changement mystérieux qui l'a fait émerger du monde animal. Ce livre s'adresse à tous ceux qui cherchent à reconnaître ce qui fait l'éminente dignité de l'homme parmi les êtres vivants. Un regard radicalement nouveau sur l'émergence de l'espèce humaine.

*

« Un essai inclassable, issu d'une longue méditation sur le rôle de la souffrance et de la mort dans l'évolution, qui devrait éveiller les passions. »

Le Nouvel Observateur

« Un livre si bien écrit, si clairement que, riche de l'exceptionnelle érudition de son auteur, il se laisse lire avec vif intérêt, voire avec passion. »

Ombres et lumière

XAVIER LE PICHON
Aux racines de l'homme
Spiritualité
Un regard nouveau sur l'émergence de l'espèce humaine
Petite Renaissance

Accueillir notre humanité

JEAN VANIER

Dans nos sociétés occidentales, l'unique réponse faite aux besoins essentiels de l'être humain est souvent celle du progrès technologique, de l'élitisme et du matérialisme, enfermant chacun en lui-même et dans son cocon social. Seule la libération de nos peurs et préjugés peut conduire chaque personne humaine à s'ouvrir aux autres : c'est la « voie du cœur », qui permet de retrouver le sens profond de la vie et le chemin de la paix. Fruit d'une longue expérience de vie quotidienne avec les exclus, ce livre remet l'homme sur le chemin de son humanité, faite pour la liberté, le pardon et la compassion.

*

« … un guide précieux pour accéder au véritable épanouissement humain et spirituel. Jean Vanier, mû par une vision claire, est incontestablement un modèle et un témoin de la vérité et de l'espérance. »

La Croix

« Avec des mots simples, pleins de sagesse, l'auteur éveille notre désir de liberté intérieure, projet de toute une vie. Loin d'être idéalistes, ces lignes sereines et faciles à lire sont empreintes de réalisme. »

Vie chrétienne

« Nourris de multiples exemples vécus auprès des faibles et des exclus, "maîtres en humanité", ce très beau livre, accessible à tous, est une invitation à changer notre regard et notre cœur pour construire un monde où chacun, aussi petit qu'il soit, puisse être reconnu comme frère en humanité. »

La Croix du Midi

« C'est un monument que ce livre. […] Une véritable leçon de vie proposée à nos contemporains sans en exclure aucun. Cette ouverture d'esprit et de cœur fait que nombreux seront ceux, parmi les lecteurs de cet ouvrage, qui y trouveront, pour eux-mêmes et pour ceux qui les entourent, un profit d'une exceptionnelle qualité. »

Ombres et lumière

JEAN VANIER
Accueillir notre humanité
Spiritualité
JEAN VANIER
Petite Renaissance

Pour en savoir plus
sur les Presses de la Renaissance
(catalogue complet, auteurs, titres,
extraits de livres, revues de presse,
débats, conférences...),
vous pouvez consulter notre site Internet :

www.presses-renaissance.fr

*Composé par Nord Compo
à Villeneuve-d'Ascq*

Impression réalisée sur Presse Offset par

CPI
Brodard & Taupin

40337 – La Flèche (Sarthe), le 28-02-2007
Dépôt légal : mars 2007

Imprimé en France